W0326841

IMPRESSUM

»Aussteiger Storys –
Von Menschen, die auszogen,
ihren Traum zu leben«
von Christian Siry

Als Verlag für Reiseabenteuer lieben wir die Natur und wollen als Unternehmen so nachhaltig wie möglich handeln und produzieren. Darum

Höchste Ökoeffektivität
Cradle to Cradle® zertifizierte
Druckprodukte von Lokay

Klimaneutral
Druckprodukt
ClimatePartner.com/17119-2108-1001

1. Auflage 2022
© Wenn Nicht Jetzt-Verlag
Lektorat & Korrektorat: Ramona Pingel | silbentaucher.de
Grafikdesign, Satz & Illustrationen: Pia Wieland
Verlag: Wenn Nicht Jetzt-Verlag, Höhenweg 10, 56767 Lirstal
Druck: Lokay Die Umweltdruckerei, Reinheim
Printed in Germany

ISBN Print 978-3-947824-48-9

Alle Rechte vorbehalten, auch auszugsweise.

Für Fragen und Anregungen: mail@wnj-verlag.de
Informationen zu diesem und zu weiteren Büchern aus dem Wenn Nicht Jetzt-Verlag findest du unter www.wnj-verlag.de.

CHRISTIAN SIRY

AUSSTEIGER STORYS

VON MENSCHEN, DIE AUSZOGEN, IHREN TRAUM ZU LEBEN

WNJ VERLAG

INHALT

ZUM GELEIT AUF DEM WEG QUERFELDEIN

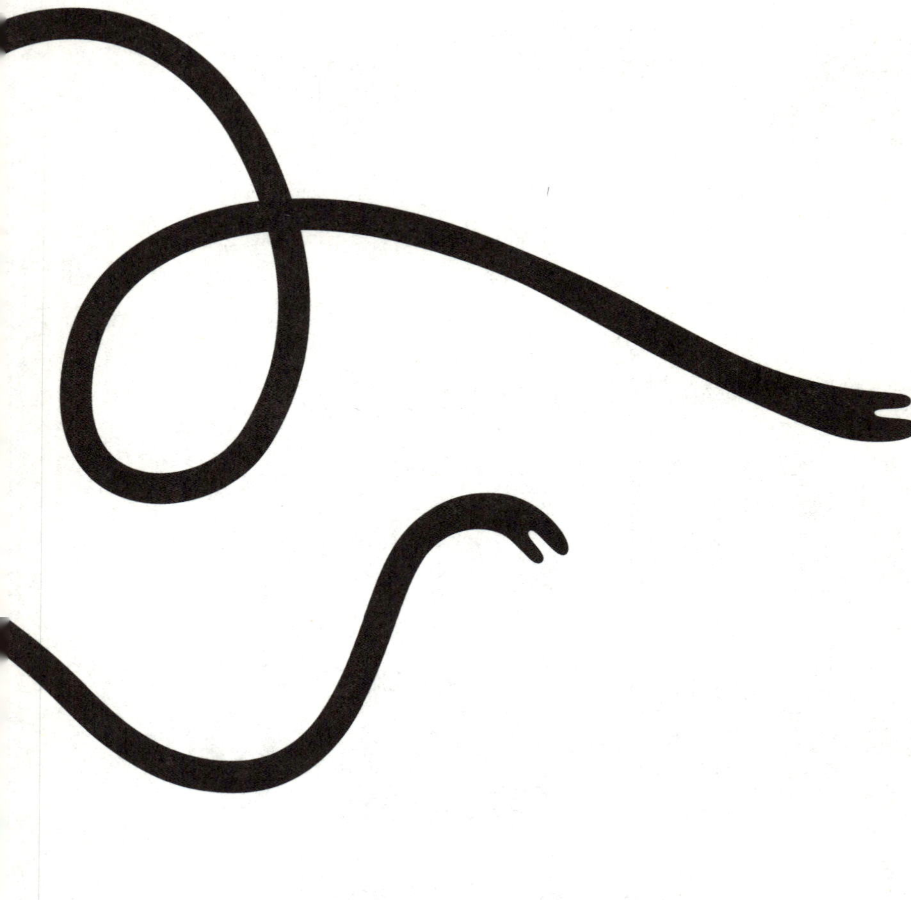

Aussteigen – was bedeutet das überhaupt? Wie geht das? Und ist das nicht schwierig in der heutigen Zeit? Drei typische Fragen, die ich immer wieder gestellt bekomme, und die ich immer wieder anders beantworte – weil es darauf nicht nur eine Antwort gibt. Es gibt in Deutschland eine bestimmte Anzahl Autobahnen, auf denen man sein Ziel anpeilen kann. Das Navi sagt, wie weit es ist und wie lange es wohl dauern wird. Wege querfeldein allerdings gibt es so viele, wie es Menschen gibt, die sie gehen. Sie werden von keinem externen Navigationssystem erfasst, sondern nur vom ureigenen Herzenskompass ausgelotet. Da braucht es viel Vertrauen und Zuversicht, um anzukommen. Aber vielleicht ist ja auch der Weg das Ziel.

Von solchen Herzenswegen möchte ich erzählen. Auf meinem persönlichen habe ich über die Jahre immer wieder Menschen kennenlernen dürfen, die sich aufgemacht haben, ihren Traum zu leben – im besten Sinne des eigenen Glücks. Ich bin fest davon überzeugt, dass dieses in seiner wahrhaftesten Form eng mit dem Wohlergehen der Mitwelt verknüpft ist. Ein gutes Leben beinhaltet gute Taten. Glück vermehrt sich, wenn man es teilt.

Immer wieder kam mir in den Sinn, dass diese Lebensgeschichten doch aufgeschrieben werden sollten, damit sie andere zum Querfeldein-Wandern inspirieren und ermutigen können. Eine jede könnte Bände füllen. Da aber nicht jeder Protagonist die Muße dafür hat und auch ich mit dem (Er)leben meiner eigenen Geschichten viel zu beschäftigt bin, blieb es lange nur eine schöne Vorstellung. Bis ich mit meinen Freunden Ramona und Uli, die den Wenn Nicht Jetzt-Verlag ins Leben gerufen haben, die Idee entwickelte, diese Aussteiger Storys als Kurzgeschichten in ein kunterbuntes Buch zu packen. Gerade auch, um zu zeigen, wie individuell verschieden diese Wege des anders Lebens sein können. Urtypisch wie die Menschen, die sie beschreiten.

Dieses Buch soll Mut machen, aufzubrechen. Denn nur wer losgeht, kann auch ankommen. Wie auf allen Wegen gibt es Licht und Schatten, scheint die Sonne, weht der Wind und kommt man manchmal vom Regen in die Traufe. Dabei fasziniert mich das rational und kausal oft nicht fassbare Prinzip des perfekten Zufalls, der Zeichen, die auf dem Weg erscheinen und der Schlüsselerlebnisse, die verborgene Türen öffnen. Wie aus scheinbaren Irrwegen plötzlich ein perfekter Kreis wird. Die Querfeldein-Geschichten dieser Glücksritter- und Ritterinnen sind voll davon. So wie mein Eigener. Und deiner wird es wohl auch sein. Schritt für Schritt. Und wann ist die beste Zeit aufzubrechen, wenn nicht jetzt?

Ich sitze unten am Fluss, hundert Meter über mir rast das Fließband der Normalität dahin. Die Pfeiler, auf die es gestützt ist, erscheinen mir viel zu schmal, wie die Beine eines Elefanten auf Dalis Bildern. Darüber kommen die Wolken und der Himmel, sonst nichts mehr. Lkw-Kolonnen ziehen vorbei, ein fernes Heulen und Wummern. Der Fluss hingegen fließt sanft und leise ungerührt drunter durch. Wenn ein Motorboot ihn zerpflügt, leitet er den Druck nach außen weg. Die Wellen brechen sich am Ufer und der Fluss ruht wieder in sich selbst. Ich sitze barfuß auf einem Fell, mitten auf dem Rastplatz. Das allein genügt schon, um für die Passanten seltsam zu erscheinen. Mein Gefährt ist ein angerosteter, bunt bemalter Dinosaurier namens Paul. Ich packe meine Gitarre aus und singe ein Lied, einfach so, für mich und den Fluss. Zwischen den Welten, dort wo ich lebe: weder ganz in der einen noch ganz in der anderen. Ich besetze eine schwer fassbare ökologische Nische am Rand des gemähten Rasens. Von dort aus bin ich aufgebrochen, um andere Mauerblümchen und Fugensprenger in ihren Trittstein-Biotopen zu besuchen. So verschieden sie alle blühen, möchte ich doch gern die Essenz finden, die mich und alle, die von einem anderen, vielleicht artgerechteren Leben träumen, vereint. Mir ist klar, dass ich dafür die Welt nicht in ihrer Weite, sondern in ihrer Tiefe ausloten muss. Ich ziehe einen Kreis von meiner grünen Insel in den Pfälzer Wäldern durchs sommerliche Deutschland und treffe dabei Menschen, die mir ihre Geschichten vom Aufbrechen und Ankommen erzählen. Vom

Aussteigen aus einer genormten Realität und ihrem Einsteigen in ein Paralleluniversum, welches dann beginnt zu existieren, wenn wir es für möglich halten. Die Menschen, die mich interessieren, sind Menschen, die ihren Idealen folgen. Die Träume haben, die größer als ihr Ego sind, und die zu leben die Welt ein bisschen besser macht und gleichsam zu höchster persönlicher Zufriedenheit führt.

Wir alle sind im Wertesystem Leistungsgesellschaft aufgewachsen: Haste was, biste was. Ewiges Wirtschaftswachstum. Höher. Schneller. Weiter. Wettbewerb, Konkurrenz. Wer wird Millionär? Aber Günter Jauch wird bald in Rente gehen. Das alte Hochglanzformat hat Risse bekommen, die Fassade bröckelt. Mehr und mehr Menschen erkennen die Endlichkeit dieses „way of progress". Doch wo geht es dann entlang? Ich persönlich kam mit den Wettbewerbsspielregeln schon zu meinen Schulzeiten nicht klar. Das war ziemlich hart, denn damit wurde ich an den Rand gedrängt. Als Außenseiter erkannte ich glücklicherweise, dass dort die Welt nicht endet, sondern eine andere beginnt. Also schlug ich mich durch die Büsche und nahm meinen Weg querfeldein. Nein, ich wollte nie ein „Normalverbraucher" sein. Ich möchte nicht genormt sein und ich möchte diese schöne Erde nicht verbrauchen. Die Dinge, die ich am schönsten finde, sind die, die lebendig sind: die Tiere, die Pflanzen, der Fluss, die Berge, die Wolken und Sonnenuntergänge – all das was die Natur an ursprünglicher Schönheit zu bieten hat. Das sind Geschenke, die sich nicht besitzen, aber unendlich oft teilen lassen. Erinnert man sich der paradiesischen Schönheit unserer Natur, so erkennt man auch den Frevel ihrer Zerstörung. Und wenn man sich dieses Spannungsfelds gewahr wird, dann drängt es einen, sich zu entscheiden: Für was stehe ich ein? Für was lebe ich?

MAN MUSS NICHT IN DIE WILDNIS ZIEHEN

Viele Menschen verbinden mit dem Bild eines Aussteigers einen Mann mit wildem Bart, der in einer Holzhütte wohnt und mit seinem Nachbarn, dem Grizzlybären, gemeinsam zum Fischen geht. Oder mit der Frau, die in den Urwald zog, um einen Indianerhäuptling zu heiraten. Diese Prototypen mag es hier und da wohl auch geben, aber man muss nicht in die Wildnis ziehen, um zu einem naturgemäßen, guten Leben zu finden. Ich möchte gern von Menschen berichten, die ihren Weg hier, mitten im durchstrukturierten Deutschland gefunden haben. Über nun mehr 20 Jahre bin ich selbst querfeldein spaziert. Ich habe an ganz verschiedenen Orten gelebt und das getan, was ich tun wollte. Von der winzigen Waldhütte über den Bauwagen auf dem Hügel, dem Haus ohne Strom mitten im Nirgendwo bis zu dem Gemeinschaftsprojekt Reinighof, wo ich derzeit vor mich hin grüne. Viele Geschichten von Gestrüpp, sonnigen Trampelpfaden und Pfützen auf dem Weg, die Bände füllen könnten. Zwischen meinen eben erwähnten Wohnstationen war ich immer wieder auf Rädern. Dabei habe ich über die Jahre hinweg viele faszinierende Menschen getroffen, die ich allesamt frohen Herzens als Lebenskünstler bezeichnen möchte, denn sie haben individuell ihr Leben zum Kunstwerk gemacht. Freischaffend verwirklichen sie ihre Träume: das Leben auf Rädern, die Gründung einer Gemeinschaft, den Aufbau eines Seminarzentrums an einem Kraftort, Selbstversorgung auf dem Bauernhof und das Leben in der Jurte im Grünen – ich habe viele besondere Menschen an schönen Orten gefunden. Ein paar von ihnen möchte ich nun wieder besuchen, um hier ihre Geschichten zu erzählen.

Gleich vorab: Das perfekte Leben in ewiger Glückseligkeit habe ich dabei nicht finden können. Deswegen ist dieses Buch auch kein schillernder Abgesang auf die „noblen Wilden" dieser Zeit. Auch hier gibt es Staub und Rost, Stolperfallen und Fettnäpfchen. Ich zeige keine heile Welt auf. Unsere sich normal verbrauchende Welt ist in alle Ecken und Winkel der Erde geschwappt. Ich begebe mich also in das Spannungsfeld der sich überlappenden Realitäten, zwischen den Inseln des anderen Lebens liegen die Autobahnen, die sie voneinander trennen und gleichzeitig verbinden. Und die Flüsse, deren Wege nach wie vor immer ins Meer führen.

MEINE INSEL HINTER DEN SIEBEN BERGEN

Reinighof, Pfalz, Anfang Juli

Die Grillen zirpen, die Frösche quaken. Der Wald wogt sich entspannt im leichten Sommerwind. In der Ferne erholen sich ein paar Männer mit der Motorsäge vom Bürostress. Es ist Wochenende, da muss man mal raus. Und ich muss auch mal wieder raus, auf die Straße, unterwegs sein. Weg von meiner grünen Insel hinter den sieben Bergen. Auch ein Aussteiger braucht mal eine Auszeit. Ich selbst bezeichne mich aber eigentlich gar nicht als Aussteiger. Wie soll man auch aussteigen und wohin überhaupt? Mein Heimatplanet rast mit 108.000 Sachen die Stunde durch das Weltall! Von der Nummer kommt man so einfach nicht runter. Will ich auch gar nicht. Ich lebe auf der Erde, wie alle anderen Menschen auch. Ich bin auf Gedeih und Verderb mit ihr verbunden. Sehr gern sogar.

Man kann also nur umsteigen innerhalb dieses Gefüges und das habe ich durchaus getan. Ich lebe auf einem Hof in Alleinlage im Wald, in Gemeinschaft mit Freunden. Wir haben eine eigene Wasserversorgung aus einer Quelle, eine Pflanzenkläranlage für unser Abwasser, die autarke Energieversorgung auf dem Dach, einen Selbstversorgergarten, wunderschöne Wiesen und Wälder um uns herum. Mein monatliches Einkommen liegt unterhalb der offiziellen Armutsgrenze, trotzdem bin ich sehr reich. Ich habe einen schönen Wohnort, viel Auslauf, sehr gutes Essen und jede Menge Zeit, das zu genießen. Meine Lebenshaltungsform könnte man als artgerecht bezeichnen. Allemal wesensgerecht. Ich tue das, was ich gern mag und lebe so, dass es mich zufrieden macht, mit dem und für das, was mir im Herzen wichtig ist. Eine tagtägliche Herausforderung, für die ich stets beweglich bleiben muss. Auf vieles, was gemeinhin für selbstverständlich gehalten wird, kann ich gern verzichten: teure Urlaubsreisen, schicke Autos, große Fernseher, immer neue Smartphones und allerhand Versicherungen, die ich nicht brauche, um mir in meinem Leben sicher zu sein, dass schon alles gut werden wird. Mein Luxus ist die freie Zeit, Stunden und Tage, die ich aus mir selbst heraus füllen darf, wo ich größtenteils entscheide, wann was dran ist.

Bald werde ich losreisen, um im sommerlichen Deutschland alte Freunde zu besuchen und um neue zu finden, die mir ihre Geschichte vom Loslassen und Neu-Erfinden, vom Leben ihres Traumes erzählen dürfen. Manche von ihnen sind gerade erst aufgebrochen, andere sind schon Jahrzehnte unterwegs. Doch wie alle Menschen Augen, Ohren, Herzen und noch ein paar andere Gemeinsamkeiten haben, so verbindet auch all diese Lebenswege das Streben nach Freiheit, nach Glück und Sinnhaftigkeit im Erdendasein. Der Kuckuck ruft. Da soll man dreimal klopfen, zum Gelingen seiner Unternehmungen. Ich werde mich also mit Paul, dem alten Mercedes-Laster, und Mio, meinem Undercover-Wolf, aufmachen. Ich muss auch dringend mal raus, denn auch ein gelebter Traum wird zum Alltag, dem es sich ab und an zu entfliehen lohnt, um sich selbst mal wieder zu erfahren. Begleiten werden mich dabei auch meine ganz persönlichen Themen rund um das Werden und Vergehen, die Liebe und die Rettung der Welt. Da kommt man nicht drumherum. Außerdem Blumen und Wildbienen, Dummheiten und Weisheiten, Kaffee in der roten Blechtasse und hoffentlich alle guten Geister.

DAS EXPEDITIONS-TEAM

CHRISTIAN ‚JANO' SIRY, ALSO ICH: 42 Jahre alt. Angeblich. Ende der ersten Halbzeit, bei Berücksichtigung der statistischen Lebenserwartung des Europäers, die derzeit bei 84 Jahren liegt. Also einmal kurz hinsetzen, durchatmen, sortieren und dann hochmotiviert rein in die zweiten 42 Jahre.

Neulich traf ich einen ehemaligen Klassenkameraden nach 25 Jahren wieder. Er erkannte mich wohl, doch ich fragte mich zuerst: „Woher kennt mich denn der nette ältere Herr?" Neben dem kalendarischen Alter gibt es das biologische Alter. Vielleicht auch noch das gefühlte. Im Jahreslauf würde ich mich wohl bei der Sommersonnenwende einordnen.

Maximale Potenzialentfaltung ist angesagt. Früchte an die Bäume! Da ich als ausgebildeter Gärtner schon genug Johannisbeeren im Garten habe, sollen es nun mehr die musischen sein: Geschichten und Worte, Bücher und Lieder.

CHRISTIAN

MIO

MIO, DER LAMMFROMME WOLF:

Ohne Hund wäre ich wohl nur ein halber Mensch. Mio habe ich aus einem polnischen Tierknast befreit. Dort saß er wegen Streunerei ein, zuvor hatte er auf der Straße als Selbstversorger gelebt. Das kann er nach wie vor sehr gut – gelernt ist gelernt. Er ist ein Meisterdieb. Mit seinem alles zersetzenden Magen dabei auch nicht wählerisch. Ob den Käsekuchen (komplett), die gelbe Überraschungstüte für den Hund oder eine frisch gefüllte Windel – er liebt abwechslungsreiche Kost. Leider ist seine kriminelle Ader aus der Zeit auf Polens Straßen nicht stillzulegen. Er plündert Wohnmobile, öffnet Zelte, beißt seine Anbindungen durch und hat auch schon das ein oder andere Reh verspeist. Ansonsten ist er sehr charmant und absolut tiefenentspannt. Er weiß mit jedem Hund friedlich zurechtzukommen und ist auch Menschen gegenüber sehr freundlich. Gefährlich an ihm sind allerdings seine Biogas-Attacken. Wenn er also mal wieder einen halben Komposthaufen gefressen hat, empfiehlt es sich auf keinen Fall, im selben Raum mit ihm zu übernachten.

Paul und ich sind gleich alt. Der Gute fährt mich zuverlässig überall hin. Er hat auch immer Zeit. Viel Zeit. Als er erschaffen wurde, gab es da auch noch mehr davon für alle. Heute ist er vielen hektischen PS-Wundern zu langsam, doch meist hat man mit ihm Verständnis, weil er einfach so nett aussieht. Wie ein alter Opi, dem man gern über die Straße hilft, beziehungsweise ihm die Vorfahrt gewährt. Auch wenn er irgendwo im Grünen parkt, wird er mehr toleriert als ein modernes Wohnmobil. An Tankstellen wollen ihn manchmal auch Leute fotografieren. Mit ihm zu reisen bedeutet viel Geduld zu haben und dicke Arme beim Lenken zu bekommen. Er ist noch ein echtes Kraftfahrzeug, da geht nichts von selbst. Hinten im Wohn- und Schlafzimmer ist es sehr gemütlich. Die Schränke, der Boden, die Wände, das Bett – alles ist aus Holz. Ein kleiner Tisch, ein Gasherd, Spüle und in der kalten Jahreszeit auch ein Holzbollerofen. Er hat sehr viele Fenster, nämlich sieben, und auch noch fünf Oberlichter im Dach. Die zweiflügelige Seitentür geht weit auf und so hat man auch eine Terrasse mit ständig wechselnder Kulisse. Dort sitze ich gern zum Schreiben.

PAULE, DER
KUNTERBUNTE
MERCEDES-OPA

PAULE

HONG

MIT HAND UND HERZ
ZUR LANDKOMMUNE

„GUTE TATEN
WERDEN
DIE SAMEN
GUTER TATEN."

Ein kleiner Mann mit rotem T-Shirt läuft mit der voll beladenen Schubkarre über den Platz. Er stoppt an einer Plastiktonne mit Temperaturanzeige und öffnet den Deckel. Mit seinen muskulösen Armen steckt er eine Art überdimensionales Handrührgerät hinein. Sein versilberter Zopf hängt dabei entspannt auf seinem Rücken. Dann fängt er mit kreisenden Bewegungen des Stabes in seinen Händen an zu singen: „Wir sind ein Kreis, wir sind ein Kreis. Ohne Anfang und ohne Ende." Hong rührt gern in der Scheiße – er tut es für eine bessere Welt, für den großen Transformationsprozess der Gesellschaft. Er lebt seinen Traum und dazu gehört auch, Exkremente in Humus zu verwandeln. Verantwortung für die eigenen Hinterlassenschaften zu übernehmen, auf dass Fruchtbares daraus hervorgehe.

Mein Weg zu ihm war nicht weit: die Streuobstwiese entlang, am Permakulturgarten vorbei, kurz rein ins Haus, um einen Wildkräuter-Smoothie abzustauben, auf der anderen Seite wieder raus und rüber zur Halle. Seit acht Jahren schon wohne ich mit ihm zusammen, buddel, schraube, säge, hämmere mit ihm gemeinsam, diskutiere, singe, spüle und koche für unsere Vision eines Ortes des Miteinanders der Menschen, mit sich und der Natur.

Hong ist kein Chinese. Hong „kimmt urschpringlisch aus Rhoihesse". Mittlerweile lebt er aber seit über 30 Jahren im Pfälzer Wald, die meiste Zeit davon auf dem Reinighof. Er ist der „Papa Schlumpf" der kleinen Gemeinschaft hier auf dem Aussiedlerhof, ein Ort mit einer langen Geschichte des alternativen Lebens. Schon 1978 kauften damals junge Leute aus der linkspolitischen Szene von Karlsruhe den Reinighof, um anstatt zu debattieren, einen handfesten Gegenentwurf zum kapitalistischen System zu wagen. Sie gründeten den Verein Europäische Pioniersiedlung. Landwirtschaft, Handwerk und weitestgehende Selbstversorgung standen auf ihrer Fahne. In einer Gegend traditioneller Waldbauern entschieden sie sich für die Wanderschäferei als Hauptprojekt.

Davon wusste Hong 1978 aber noch nichts. Er wurde in dem kleinen Altrheindorf Eich geboren, im geburtenstarken Jahrgang 1959/60, als Sohn gutbürgerlicher Eltern. Es war eine Zeit, die heute schon sehr weit weg erscheint, wo die Alten vorm Haus auf der Bank saßen, die Nachbarn sich kannten, es kaum Fernseher gab und wenn, dann höchstens drei Programme. Es gab noch zwei Fußballmannschaften in jedem Dorf, Bäckereien, Metzgereien und Tante Emmas. Dorfgemeinschaft war unumgänglich, jeder kannte jeden. Es gab gute Sitten, die Hong, der damals noch Thomas Rudolph Kölsch hieß, schon früh infrage stellte. Beispielsweise wenn jemand gestorben war und dem Kondolenzkärtchen fünf, zehn oder gar zwanzig Mark beigefügt wurden. „Wieso bekommt jemand Geld, wenn sein Angehöriger stirbt? Was ist das für ein komischer Trost?" „Das Geld ist nur geliehen", erklärte ihm seine Mutter Erna. Als die eigene Oma unter den Rasen gepflügt wurde und er den immensen Kosten so eines Ablebens und der ordnungsgemäßen Entsorgung der sterblichen Hülle gewahr wurde, verstand Thomas R. Kölsch, wie Mutter Erna das gemeint hatte. Man half sich gegenseitig, bei kleinen und größeren Problemen. Auch wenn man den Hartmann Karl-Heinz überhaupt nicht ausstehen konnte, half man dem Eierkopp dann doch, weil es sich einfach so gehörte und weil es sinnvoll war, existenziell zusammenzuhalten. Noch zu Tante Emmas Lebzeiten wurde der kleine Thomas Rudolph Teil einer der zahlreichen umher schwadronierenden Kinderbanden. Namentlich der Hongkong-Bande, die sich der Nachahmung fernöstlicher Kung Fu-Legenden und dem Klettern auf Bäume verschrieb. Er wurde Hongkong Nummer 7, heute heißt er nur noch Hong. Was aus den anderen Gangmitgliedern wurde, ist unbekannt.

Auf der anderen Rheinseite entstand damals ein hochmodernes Atomkraftwerk und im nahen Dexheim gab es eine große US-Kaserne, von der immerzu mit ohrenbetäubendem Lärm die Düsenjäger die Idylle des Altrheintals zerfetzten. Die Eicher Jugend stellte sich Fragen wie: Wer bestimmt denn eigentlich, was gemacht wird? Was bedeutet Demokratie, wenn doch die wichtigen Entscheidungen hinter verschlossenen Türen getroffen werden? Und: Wer will das denn eigentlich? Die letzte Frage stellt Hong sich heute noch. Immer im hoffnungsvollen Bewusstsein, dass selbst die größte Scheiße zu guter Letzt doch wieder zu Erde wird. „Wir sind ein Kreis ...“

Mit 15 kam er aus der Schule und wollte Schreiner werden. Das macht er auch heute noch am liebsten, baut Möbel und schöne Dinge aus Wildholz, wenn er nicht gerade dringende Notwendigkeiten handwerklicher Art für seine Schlümpfe lösen muss. Doch damals gab es eine Lehrstellenknappheit und die einzig freie Schreinerlehrstelle in der Stahlgießerei bekam der Sohn des Cousins des Schreinermeisters. Was blieb, war die Ausbildung zum Formgießer. Von morgens um sechs bis mittags um halb drei ohrenbetäubender Lärm fernab der Sonne, unerträgliche Hitze und Gestank. Körperliche Schwerstarbeit.

Nach dem Reinigen des Rührgerätes geht Hong, mit einer Schar Fliegen im Gefolge, hinunter zur Quelle, um im eiskalten Wasser zu baden. Ich bin auch mit dabei. Hier fällt wirklich alles von einem ab, nicht nur Schweiß und äußerer Dreck, sondern auch jegliche innerlichen Anhaftungen und Verkrustungen. Bei acht Grad kaltem Wasser und einem Wald-Nirwana drumherum bleibt einem nur das Hier und Jetzt übrig. Alternativlos. Hier unten schlägt auch das Herz des Reinighofes. Man kann es tatsächlich hören, seine dumpfen Schläge unter der Erdoberfläche. In einem Schacht ist eine hydraulische Widderpumpe eingelassen. Sie befördert einzig mit der Stoßkraft des nachströmenden Wassers selbiges den Hang hinauf ins Wasserreservoir, von wo aus es dann in die Leitungen des Wohnhauses fließt. Das zum Spülen, Duschen oder Wäsche waschen gebrauchte Wasser fließt dann durch einen Vorfilter in einen mit Vulkansand gefüllten und Schilf bewachsenen Bodenfilter. Dort existiert ein Universum aus Mikroorganismen und reinigt das Wasser von allen Rückständen. Sauber fließt es unter den dicken Augen des Teichfrosches weiter ins Feuchtbiotop, wo es zwischen Seerosen und Sumpfschwertlilien zum Himmel verdunstet und schließlich irgendwo wieder als Regentropfen herunterfällt. Leben ist ein Kreislauf und dieser wird auf dem Reinighof zelebriert. Mit dem Kompost aus den Feststoffen der Toilette werden die Obstbäume gefüttert, die dann den Bewohnern wieder Äpfel und Birnen schenken. Und der Urin wird mittels Trockentrenntoiletten zu flüssigem Gold, indem in einem Edelstahlreaktor das Phosphat und das Nitrat ausgefällt werden. Zurück bleibt ein nahrhaftes weißes Pulver fürs Gemüsebeet. Strom kommt über die Inselstromanlage von der Sonne direkt in die Batterien im Keller. Es gibt Solarkocher, in denen das Gemüse aus dem Permakulturgarten gegart wird. Der Traum vom artgerechten Leben im Einvernehmen mit den natürlichen Kreisläufen hat sich hier über Jahrzehnte immer weiterentwickelt.

Von ein paar blutdürstigen Bremsen geplagt, trocknen Hong und ich in der Sonne. Es duftet nach Wald und Wasser. „Gemeinsam ist man stärker und wer Kinder hat, der braucht Karotten! Das wurde mir mit 21 klar, als ich erstmals Vater wurde", erzählt er mir. Zusammen mit zwei anderen Pärchen wurde ein Haus mit Garten gekauft. Anfang der Achtzigerjahre bildeten sich zahlreiche Gruppen und Gemeinschaften, ähnlich wie heute, wo es wieder einen Community-Boom gibt. Sozialistisches Gedankengut war die stärkste Triebfeder, die RAF war damals in. Erst als es zum bewaffneten Kampf kam, schieden sich die alternativen Geister, wie auch jene von Hong und der Kindesmutter. Gemeinschaft jedoch war für Hong zum Lebensideal geworden und er suchte nach seinem Platz. Eine Weile zog er mit seinem Bus als fahrender Handwerker durch Deutschland, bis er 1986 auf dem Reinighof aufschlug. In der Schlachtküche griff er beherzt in die Schafsgedärme und fand dabei Gretels Hand. Sie verliebten sich. Außer einer schönen Frau gab es hier Handwerk und Landwirtschaft. So rutschte er als letzter in eine Gruppe von 17 Erwachsenen und 11 Kindern, die einige Jahre Bestand haben sollte. Leben und arbeiten auf dem Hof. Es gab eine Gemeinschaftskasse, Geld für persönliche Bedürfnisse nahm man sich da heraus, Grundlegendes wurde ohnehin bezahlt. „Ich kam mit fünfzig Mark im Monat aus, andere brauchten hundert. Alte Prägungen wie Neid kamen hoch. Warum kratzt mich das, wenn ich doch eigentlich mit dem, was ich habe, zufrieden bin? Wir hatten keine Vorgaben, keine Älteren. Wir mussten experimentieren." Es gab vier Autos, die sich alle teilten, genauso wie den Idealismus, es besser zu machen als „die da draußen". Sie lebten in einem gallischen Dorf, umzingelt von Römern, die das Treiben teils mit Feldstechern aus dem Wald argwöhnisch beobachteten. Wahrscheinlich auch, weil man im Dorf munkelte, dass die Frauen hier oben ohne Traktor fahren würden. Zur Völkerverständigung gab es einmal im Jahr ein großes, gut besuchtes Hoffest. Unter den ganz hart gesottenen Römern halten sich einige Gerüchte über den Reinighof, dieser Lücke in der dörflichen Realität, bis heute. „Wie kann man so leben, wo Haus und Hof allen gehören? Macht da jeder mit jedem rum? Und wo ist die Cannabis-Plantage?" Ich persönlich glaube, wenn es einmal keine Gerüchte mehr gibt, ist das ein Indikator dafür, dass wir zu angepasst geworden sind. Alles, was anders, was wirklich alternativ ist, muss einfach Raum für Spekulationen bieten für jene, die sich gern als normal definieren möchten. Es wurde gezimmert, gegärtnert, getöpfert, geschreinert und gebacken. Alte Schafrassen, die Coburger Füchse und die Rhönschafe, wurden durch die Pfalz getrieben und bildeten den Haupterwerb der Kommune. In der Näh- und Lederwerkstatt wurden Produkte gefertigt und auf Weihnachtsmärkten verkauft. Ein großer Teil der Arbeit war aber auch die an der Gemeinschaft. Im Gegensatz zu heute wurde dabei auf Gefühle und Befindlichkeiten nicht so viel Aufmerksamkeit gelegt, Diskussion und schlagkräftige Argumente zählten dafür umso mehr. „Es menschelte, wie überall", sagt Hong.

Heute haben wir viel mehr Kommunikationswerkzeuge, um damit besser umzugehen. Wir trennen praktische Besprechungen von emotionalen Angelegenheiten so gut es geht. Einmal die Woche gibt es einen Herzkreis, da spricht jeder reihum von seinen inneren Angelegenheiten, ohne Unterbrechung und Bewertung. Das wäre den alten Kommunarden wohl zu sentimental gewesen, vor Leuten mit Räucherstäbchen und Mantras hüteten sie sich wie der Teufel vor dem Weihwasser.

Hong wurde noch mal Vater und die Kinder vom Reinighof lebten ein Bullerbü-Leben. In der Dorfschule kollidierten freilich Welten. Heute leben manche der Kommunen-Kinder weiter ein alternatives Leben, andere wurden aber auch ganz bürgerlich. Man kann nicht pauschal sagen, wie weit ein Apfel vom Stamm fällt, liegt wohl auch an der unterschiedlichen Fallhöhe. Nach und nach kam die Wanderschäferei zum Erliegen. Die Landwirtschaft in der Südwestpfalz war schon immer schwierig auf den mageren, kalkarmen Sandböden. Ackerbau rentierte sich nicht. Biofutter war, nachdem man irgendwann mal genau nachgerechnet hatte, billiger zu kaufen, als es selbst anzubauen. Mit der Förderung der Flächenoffenhaltung kam dann die private Koppelschafhaltung auf. Immer mehr Leute hielten sich kleine Gruppen von Schafen und zäunten ihre Wiesengrundstücke ein. Für die großen Herden wurde es schwierig, rentabel durch die Landschaft zu streifen. Es waren aber auch persönliche Konflikte und individuelle Weiterentwicklungswünsche von den Menschen Ende dreißig, die nun doch auch noch mal was anderes ausprobieren wollten. So löste sich Ende der Neunzigerjahre die alte Truppe nach und nach auf.

Im Jahr 2002 ging auch Hong, der sich schon immer dem roten, dem *indianischen* Weg, verschrieben hatte, als letzter Mohikaner vom Hof. Bis dato war er der Vereinsvorsitzende gewesen und der, der alles wusste. Irgendwann folgte daraus eine totale Überforderung. Immer wieder mit neuen, häufig wechselnden Mitbewohnern über den Abwasch zu verhandeln, wurde ihm unerträglich. Hong war damals nahe am Burn-out, aber da war das Wort noch nicht erfunden. An einem Abend, nach einem langen Tag voller „Hong, wo is dies? Hong, wo is dess?“ wollte er nur noch durch die Hintertür in sein Zimmer schleichen. Bloß keinem mehr begegnen. Doch leider führte ihn dieser Weg an der Waschmaschine vorbei. Da stand ein Freigeist und füllte den Toplader mit Wasser aus dem Schlauch. (Das funktioniert heutzutage hier immer noch so.) „Ach Hong, kannst du mal kurz gucken?! Ist da genug Wasser drinne?“ Hong, der eben schon immer sehr hilfsbereit war, konnte nicht Nein sagen, guckte und sah, dass das Wasser schon fast oben raus lief. „Ja, es ist genug! Weil, wenn du noch eine Sekunde weiter Wasser einfüllst, kriegen wir beide nasse Füße!“ Das war der berühmte Tropfen, der das Fass zum Überlaufen brachte und

Hong stieg in seinen gelben Mercedes-Bus und fuhr los, um als Handwerksnomade seinen Seelenfrieden wiederzufinden. Hier und da wurde er zwar kurzfristig sesshaft, heimisch jedoch nie: Es zog ihn wieder zurück zum roten Sandstein, in den Pfälzer Wald. Zwei Dörfer weit vom Reinighof entfernt ließ er sich nieder. Ein paar Jahre lang verweilte er so, bis die Stunde seiner Rückkehr schlagen sollte …

„Hong! Am Zeltplatz geht die Solardusche nicht mehr!“, ruft ein Mitbewohner. Auch heute fragt man ihn, wenn keiner mehr weiß, wo lang. Und warum auch immer was gerade nicht geht – Hong hat gelernt, für alles eine Lösung zu finden. Bald fließt das warme Wasser wieder. Im kühlen Schatten der dicken Rosskastanie erzählt er mir, wie er zum Reinighof zurückgekehrt ist.

2012 lag der Mikrokosmos Reinighof im Argen. Das Kommunensystem – alles aus einer Kasse, Verkauf von Schafsfellen und Hausschuhen (mittlerweile ausschließlich als Handelsware aus der Türkei), Leben und Arbeiten auf dem Hof –, war nicht mehr zeitgemäß. Es lebten nur noch vier Menschen auf dem Hof: Einer war drogenabhängig und machte sich über Nacht mit dem Hofauto aus dem Staub; die ältere Frau mit den Pferden hielt das autoritäre System des herrschenden Paares nicht mehr aus und zog ebenfalls aus. Der letzte Hüter des alten Systems, der streng an diesem festhielt und davon überzeugt war, dass es einfach keine guten Leute mehr gab und deshalb der Hof langsam vor sich hin starb, wurde schwer krank und lag im Winter 2011/12 im Sterben. Seine Partnerin sah für sich hier auch keine Zukunft mehr. Alle Versorgungseinrichtungen waren marode: die Inselstromanlage, die Wasserversorgung, die zentrale Holzheizung. Eine alte Welt befand sich im Kollaps.

Das war die Zeit, als ich hier zum ersten Mal auftauchte, weil auch meine damalige Welt zusammengebrochen war. Ich musste meinen Traumlebensraum, den verwunschenen Garten des alten Einsiedlers, von dem ich später noch berichten werde, verlassen, zudem hatte sich noch meine Freundin von mir getrennt. Da wusste ich nicht mehr, wohin mit mir, kaufte mir einen Wohnbus und wollte nur noch Nomade werden. Einige kostbare Sträucher und Stauden wollte ich jedoch nicht dem Rasenmäher der neuen Grundstücksbesitzer überlassen und suchte einen anderen Garten für sie. So fand ich auf den Reinighof und lernte dort Hong kennen, der hier den kranken Genossen aus alten Tagen unterstützte und den Hof vor dem totalen Zusammenbruch bewahrte.

Im kommenden Frühling war es dann so weit, der Reinighof stand leer und war nun offen für Neues. Hong berief eine Ratsversammlung ein, zu der einige ehemalige Bewohner kamen sowie neue, junge Menschen, die ihre Träume und Visionen mitbrachten. Nach einigen Treffen und gemeinsamen Arbeitswochenenden kristallisierte sich eine Gruppe von Menschen heraus, die hier einen Neuanfang wagen wollten. Hong und ich waren natürlich mit von der Partie. Sogleich war Hong wieder der, der wusste, wo alles ist und wie es geht oder wie es zumindest gehen könnte. Während ich mich um die Beeren, um die Wurzeln und um die Heinzelmännchen kümmerte, nahm sich Hong der Technik und der Verwaltung an. Innerhalb kurzer Zeit zerfiel die Startergruppe wieder in ihre Bestandteile und es sollte ein paar Jahre dauern, bis sich die richtigen Menschen gefunden und ein für sich stimmiges Lebensmodell entwickelt hatten. Es gab Dramen, Romanzen, Pioniergeist und totale Frustration. Und währenddessen wurde entrümpelt, renoviert, restauriert, generalüberholt und neu sortiert. Es erblühten schöne Gärten und es fanden viele Menschen von Nah und Fern den Weg hierher, um den Platz als einen Ort der Heilung, der Besinnung und der Vision für ein ökologisch und sozial gerechtes Leben zu erfahren. Und wie es so ist bei solchen gemeinschaftlichen Transformationsprozessen, drückten sich Weisheit und Wahnsinn die Klinke in die Hand. Die alten Themen hatte natürlich jeder in seinem Rucksack dabei. So auch Hong, der bald wieder an der aus seinem Hang zur Überverantwortung entstehenden Überforderung litt. Er nahm sich eine Auszeit und flog nach Amerika, um die Indianer zu besuchen. Dort stärkte er seine spirituelle Anbindung an den roten Weg. Wieder daheim baute er eine Schwitzhütte und nun führt er dort pfälzisch-indianische Reinigungszeremonien durch.

Die Vision von 2012 hat sich inzwischen erfüllt, auf dem Reinighof gibt es wieder echtes Gemeinschaftsleben. Nicht mehr im ökonomischen Sinne der früheren Kommune – jeder hat sein eigenes Geld. Doch arbeiten alle zusammen daran, den Platz immer schöner werden zu lassen. Er ist längst kein gallisches Dorf mehr, sondern ein Ort, wo Menschen sich begegnen. Ein Mikrokosmos für ein achtsames, liebevolles und ganzheitliches Leben in und mit der Natur. Ein kleines Paradies mit Äpfeln und Schlangen und allem, was dazugehört, um Bewusstsein wachsen zu lassen.

Hong richtet die riesige *Satelittenschüssel* vor dem Haus nach der Sonne aus; ein Solarkocher, in dessen Mitte sein Espressokännchen steht. „Vater Sonne macht meinen Kaffee heiß!", freut er sich. Hintendran hat er den Rasenmäher geparkt, der mal wieder den Geist aufgegeben hat. Nun ja, Papa Schlumpf wird ihm schon wieder auf die Sprünge helfen. Ein Working Guest steht bei ihm und fragt ihn Löcher in den Bauch, die Hong, „jetzt grad net, aber, aller gut, dann doch, ganz kurz ..." beantwortet. Wie früher mal alles war und wie heute alles ist und wie es denn mal noch werden soll. Hong ist ein geduldiger Erzähler. „Heute haben sich im Vergleich zu früher noch mehr Fragen aufgeworfen, auf die wir hier in unserem Mikrokosmos Antworten finden und leben möchten. Alles ist mit allem verbunden und was wir hier tun, das wirkt auch nach außen auf die Welt. Gute Taten werden die Samen guter Taten." Zufrieden nimmt er das röchelnde Espressokännchen vom Solarkocher und gießt den Inhalt in seine Tasse. „Einerseits Vernetzung, andererseits aber immer mehr Individualisierung und Vereinzelung. Das hilft, um den Konsum immer weiter anzukurbeln. Es ist wichtig, dass die Menschen sich wieder in Kreisen versammeln, sich tatsächlich verbinden, statt sich zu vernetzen und dabei immer mehr zu verstricken. Zusammen kann man einiges erreichen, was nicht normal ist. Veränderung ist notwendig. Und die Veränderung, die jetzt gebraucht wird, die wird nicht von oben kommen. Die muss von unten kommen – aus uns selbst heraus."

Mit einer festen Umarmung verabschiede ich mich von meinem Freund und Weggefährten. Meine Mission, die Welt ein bisschen schöner zu machen, ruft mich auf eine mehrwöchige Tour durch die sommerflirrende Heimat, um weitere Freigeister samt ihrer gelebten Träume zu treffen und ihre Geschichten einzusammeln.

ERICH KRÜGER

WANDERVOGEL UND UR-VEGETARIER

„JEDER, DER DIE KRAFT HAT, SEIN LEBEN EINFACHER UND NATURGEMÄSSER ZU GESTALTEN, ERKÄMPFT FÜR SICH UND SEINE MITMENSCHEN DEN GRÖSSTEN REICHTUM UND DEN HÖCHSTEN GENUSS."

(EIN GRUNDSATZ DER WANDERVÖGEL)

AUF ZUM DONNERSBERG

Einmal quer durch den Pfälzer Wald führt die Straße, ein kurvenreiches Unterfangen. Dennoch wesentlich stressfreier als der Weg außen herum über Bundesstraße und Autobahn. Die Augen gehen spazieren, entdecken tiefblaue Akeleien am Straßenrand und fliegen mit dem Habicht zwischen grauen Stämmen in den Buchenwald. Mein Gefährt ist so langsam, dass ich das riskieren kann. Ungeduldige Motorradfahrer überholen mich mit Getöse, sodass ich erschrecke und wieder ganz auf der Straße bin. Sei es ihnen verziehen, irgendwie suchen sie unter ihrer Taucherglocke wohl auch Erholung vom Alltag.

Vom Johanniskreuz aus geht es abwärts. Die erste Ortschaft taucht auf und dahinter wird die Landschaft offener. Es ist dieser liebliche Wechsel aus Wiesen, Feldern und Wäldern, den ich an der nördlichen Pfalz so liebe. Und bald kommt auch mein weltallerliebster Ort in Sicht: der Donnersberg. Grün und breit überragt er die Hügel. Schon die Kelten schätzten diesen Kraftort, den sie mit einer kilometerlangen Wallanlage krönten. Immer wieder zieht es mich dorthin. Hier kann ich mich besinnen, komme tief in Kontakt mit der Natur. Der perfekte Platz, um noch einmal ganz tief Luft zu holen für meine Aussteiger-Odyssee. Die Straßen werden immer schmaler und bald poltert Paule über eine Schotterpiste am Fuß des Berges. Es geht hinein in den Wald, etwas bergauf im zweiten Gang, dann links rüber an den Rand einer weiten Wiese. Dort drücke ich den Abwürgknopf rein und Stille herrscht. Ich steige aus und fühle mich sofort daheim. Hinter mir Eichenwald, vor mir sich wiegende Gräser, Flockenblumen und Schafgarbe. Alte Obstbaumveteranen stehen verstreut herum, wie freundliche Großväter. Nach Osten schweift mein Blick weit durch eine grüne Parklandschaft, hinter mir im Westen warten schroffe Felsen, urige Schluchtwälder und trockenheiße Eichen- und Kiefernhänge im Wildensteinertal auf mich.

Ich öffne die Bordtür und Mio springt heraus. Mit einem kurzen Freudenbeller wirft er sich ins Gras und schubbert seinen Rücken. Ich mache mit. Obwohl ich nicht hier aufgewachsen bin, fühle ich mich stets zu Hause. Es ist meine Seelenheimat und immerhin habe ich hier auch zwei Jahre gelebt. Nur etwa dreihundert Meter entfernt, in einem Haus, weit außerhalb des nächsten Dorfes, ohne Strom und ohne fließend Wasser, geschweige denn Telefonanschluss und Kanalisation. Im Haus des beinahe legendären Einsiedlers ...

DER ZUFALL GEHT DURCH DIE DECKE

Dies ist die Geschichte eines ganz außergewöhnlichen Mannes. Eines Aussteigers aus einer Zeit, in der es diesen Begriff wohl überhaupt noch nicht gab. Er entschloss sich nämlich schon in den 1920er-Jahren von Berlin aus aufzubrechen, um als Selbstversorger auf dem Land zu leben. Auch wenn ich ihn nicht mehr persönlich kennenlernen durfte, so kam ich doch in engen Kontakt mit ihm und seinem Lebenswerk. Denn kuriose Umstände führten mich zu seinem Haus Voigtland und dem verwunschenen Garten drumherum und ließen mich dort für zwei Jahre wohnen und wirken. Dabei fand ich die Fragmente seiner Lebensgeschichte in alten Obstbäumen, in selbst gemachten Werkzeugen und in verblichenen Schwarz-Weiß-Fotos im Schrank seiner Schlafkammer. So ist der Blick auf seine Lebensgeschichte auch eng mit meiner vorübergehenden Geschichte als Klein-Selbstversorger an diesem Platz verbunden.

Wie damals gehe ich denselben Weg durch die Wiesen, bis ich das rote Dach aufragen sehe, mitten aus dem Grün, am Ende der Wiese zwischen Sträuchern und Bäumen. Eine hohe Tanne überragt das Haus.

Ich hatte von dem Einsiedler gehört – von Erich Krüger, der hier einst als Selbstversorger gelebt haben sollte. Und von seinem Haus ganz weit draußen, in einer der schönsten Ecken des Donnersberges. Bärlauch sollte es dort geben, den wollte ich ernten. Ich stieg durch die Hecke und durchschritt das Tor zu einer anderen Welt. Unversehens stand ich vor einer Treppe, welche hinauf zur verblichenen Tür eines Hauses wie aus einem Bilderbuch führte. Irgendwie verzaubert, schlafend, in einem Dornröschengarten, wo Brombeeren und Wildrosen die alten Obstbäume einhüllten. Ich ging um das Haus herum und einen von duftendem Flieder überdachten Weg hinunter. Das Grundstück am abfallenden Hang war mindestens einen Hektar groß. Es gab fünf Walnuss- und zwei Schwarznussbäume sowie zahlreiche Apfel-, Birnen-, Kirsch- und Zwetschgenbäume. Die Wiesenflächen darunter wurden von teilweise meterhohen Brombeerhecken überwallt. Am Fuß des Hanges war wohl mal der Gemüsegarten gewesen. An der Beschaffenheit des Bodens konnte ich erkennen, dass hier über lange Zeit Humusaufbau betrieben worden war. Außerdem war da auch ein Brunnen – unabdinglich für die Bewässerung hier draußen. Dahinter begrenzte eine zehn Meter hohe Haselnusshecke das Grundstück. Unter ihr hatte sich der wohl schon vor Jahrzehnten angesiedelte Bärlauch munter ausgebreitet. Ich aß ein paar Blätter und stopfte mir meinen Stoffbeutel voll. Am Ende meiner Runde über dieses prächtige Stück Land stand ich wieder vor dem Sandsteinhaus. Ich ging die Treppenstufen hinauf. Haus Voigtland, 1932 war in den Türsturz graviert. Das Haus war ganz offensichtlich verlassen, dennoch klopfte ich mit dem dort befestigten Metallring an die Tür. Daraufhin schwirrten einige Bienen aus einem Loch im Stein über der Tür und summten um mich herum. Ich blieb ganz ruhig stehen. Mir war, als würden sie mich durchsuchen, als würden sie mich nach schlechten Absichten durchscannen. Sie zogen sich wieder zurück, ich durfte passieren. Die mächtige Tanne wiegte sich in einer plötzlichen Windböe. Ich drückte die Türklinke nach unten und tatsächlich: Sie öffnete sich! Es war unwirklich, ein bisschen wie in einem Traum. Ich trat ein und stand in einem Flur, von dem aus fünf Türen abgingen. Zwei davon führten in schmale, schimmelige Räume voll lieblos aufeinander geworfenem Krempel. Eine weitere in eine winzige Kammer, die wohl mal ein Bad gewesen war. Die anderen beiden Türen in große, helle Räume, die renoviert worden waren. In einem stand eine große Holztafel nebst Stühlen und ein neuwertiger Gasherd. Ein dickbäuchiger Kachelofen ragte in beide Räume, den man vom Flur aus beheizen konnte. Auch er war neueren Baujahrs. Es schien, als hätte hier jemand mit großem Enthusiasmus angefangen, zu entrümpeln und zu renovieren, um dann plötzlich den Hammer fallen zu lassen und zu verschwinden, warum auch immer. Ich stieg über eine Holztreppe nach oben ins Dachgeschoss. Über mir die blanken Ziegel, unter mir die Balken, dazwischen nur Rigipsplatten. Ich sah zu, nur auf die Balken zu treten, und ging zu einer weiteren Tür. Hinter dieser befand sich eine gemütliche, wenn auch sehr verstaubte Schlafkammer. Hier hatte sicher lange niemand mehr geruht, dennoch spürte ich noch eine Präsenz, so als wäre der Bewohner gerade eben erst die Treppen hinunter nach draußen gegangen. Auf dem Nachttisch lag ein umgeworfener Bilderrahmen. Ich stellte ihn auf und fand in ihm das Bild eines zähen alten Mannes, nicht sehr groß, mit langen weißen Haaren und ebensolchem Bart. Erich Krüger, der Einsiedler! Vor dem Fenster wogte die alte Tanne hin und her. Es gab einen einzigen Schrank, in dem ich neben allerlei alten Büchern auch ein Fotoalbum fand. Ich blätterte hinein und fühlte mich nun vollends wie in einem Märchenfilm. Schwarz-weiße Fotografien von schlanken Männern mit langen Haaren und Bärten aus einer anderen Zeit. Mit Instrumenten, mit Werkzeugen bei der Gartenarbeit und stolz posierend in selbst genähten Gewändern. Einer davon war der junge Erich Krüger. Da war er mit seinem kleinen Sohn Peter, stolz und glücklich. Dann saßen die beiden mit einem traurigen Lächeln neben einem weißen Bett im Freien, in dem eine sichtlich kranke, junge Frau lag. Zwei Seiten weiter grub Erich Fundamente aus, mauerte und zog Balken ein. Mit seinem Söhnchen pflanzte er Obstbäume. Vor mir lagen wie Puzzlestücke die Eindrücke aus dem Leben eines Urzeit-Ökos. Ganz hinten im Album fand ich eine Postkarte aus den 1920er-Jahren. Auf ihr waren zwei stolze Recken abgebildet, in Sandalen, die weiten, kurzärmeligen Hemden mit einem Lederband gegurtet. Darunter stand geschrieben: *Jeder, der die Kraft hat, sein Leben einfacher und naturgemäßer zu gestalten, erkämpft für sich und seine Mitmenschen den größten Reichtum und den höchsten Genuss.*

Mein Herz schlug schnell. Ich war fasziniert, begeistert und tief berührt. Mir schien, ich hätte die Urväter der Ökorebellen gefunden, wie sie schon lange vor den Hippies existiert hatten. Unten rumpelte es. Ich erschrak, schlug das Album zu und verstaute es eiligst wieder im Schrank. Es könnte ja sein, dass der jetzige Besitzer des Hauses kam. Ich ging zurück über die Balken Richtung Treppe, um zu lauschen, doch es blieb alles ruhig. Gerade, als ich die Treppe wieder hinuntersteigen wollte, sah ich aus dem Augenwinkel ein prachtvolles Wespennest zwischen den Balken liegen. Da ich seit jeher besondere Kunstwerke der Natur sammele, machte ich noch einmal kehrt. Im Zuge meiner Begeisterung trat ich achtlos zwischen die Balken. Gerade, als ich mich nach dem Wespennest bücken wollte, spürte ich, wie der Boden unter meinen Füßen nachgab. Ich krachte durch die Decke. Das alles kam mir vor wie in Zeitlupe. Ich kniff die Augen zu und die Pobacken zusammen, doch der gefürchtete harte Aufprall blieb aus. Auf halbem Wege nach unten kam ich zum Stehen. Ich machte die Augen auf und fand mich auf dem neuen Gasherd wieder. Pochenden Herzens stieg ich vom Herd. Es war mir furchtbar unangenehm, dass ich so eine Zerstörung angerichtet hatte. Beheben konnte ich sie nicht so ohne Weiteres. Was sollte ich tun? Ich murmelte eine leise Entschuldigung und verließ schleunigst das Haus. Damals wusste ich noch nicht, dass ich hier alsbald schon tagtäglich ein- und ausgehen sollte.

Ich erzählte sofort Laura davon. Mit ihr hatte ich schon zuvor auf dem Stolzenbergerhof in zwei Bauwagen gelebt, bis wir unsere Beziehung zwischen freier Liebe und tierischer Eifersucht beendet hatten. Gerade waren wir wieder in einer Anbändelungsphase. Die Wohnsituationen von ihr und mir waren derweil eher unbefriedigend. Ich pendelte mit meinem Passat Kombi zwischen verschiedenen Übergangsbleiben hin und her und Lauras Bauwagen stand hinter dem Riesenmisthaufen eines duldsamen Viehzüchters auch nicht so günstig. Zusammen fuhren wir noch einmal zu dem Haus, ich wollte es Laura unbedingt zeigen. Dieses Mal aber war die Tür verschlossen. Wir verliebten uns beide in den Platz und vielleicht auch wieder ein bisschen ineinander. Nun mussten wir unbedingt herausbekommen, wer der Besitzer war, um ihn zu überzeugen, dass wir die rechtmäßigen Erben im Sinne des Selbstversorgers und Naturburschen Erich Krüger waren. Das erwies sich allerdings als gar nicht so einfach, irgendwie wusste niemand so recht Bescheid. Ein Ehepaar hätte es als Wochenendhaus gekauft, doch die hätten sich dann zerstritten und geschieden.

Zum Glück waren wir Lieblingskinder des glücklichen Zufalls. Laura arbeitete als Bedienung in einer Gaststätte oberhalb der Burgruine Falkenstein. So erfuhren wir von einer Mondschein-Führung durch die Burg, die wir uns nicht entgehen lassen wollten. Der Burgführer war ein großer, schlaksiger Mann mit listigen Äuglein im bärtigen Gesicht. Er gefiel uns recht gut, weil er so schwärmte vom Falkenstein und seiner schönen Heimat. Er war so der Typ zerstreuter Professor. Abschließend zur Führung gab es noch für alle ein Gläschen selbst gemachten Holunderblütenlikör. Als sich dann die Gruppe auflöste, ließen wir uns gern noch einmal nachgießen und bedankten uns für das liebevolle Geleit. So kamen wir ins Gespräch, über den Donnersberg, seine Natur und seine Geschichte, von den Kelten über die Ritter bis zum Einsiedler ...

„Ach, Sie kennen den Erich Krüger?“, fragte ich, woraufhin Laura enthusiastisch rief: „Der hat doch dieses geniale Grundstück mit diesem schönen Haus bei Steinbach!“

„Ihr kennt das?“, fragte der Burgführer sehr interessiert.

Ich trat Laura unauffällig gegen das Schienbein.

„Wir haben davon gehört und es mal angesehen.“

Nach kurzem Schweigen fügte ich noch an: „Von außen!“

„Ja, das ist schon was ganz Besonderes“, murmelte der Burgführer.

„Schade, dass es leer steht.“

„Ja, es ist schade. Es tut ihm nicht gut.“

„Wissen Sie denn, wem das Haus heute gehört?“, wollte ich wissen.

„Ja. Es ist meins.“

„Waaas?!“, riefen Laura und ich einstimmig und verloren für einen Moment die Contenance.

„Erich Krüger hatte es einem Freund vererbt, doch der war auch schon recht alt und wohnte einfach zu weit weg. Es wuchs ihm über den Kopf.

Dann hat er es verkauft, an mich und meine Ex-Frau. Sie erhebt Anspruch darauf, aber es gehört mir."

„Okay, Fakt ist aber, dass niemand dort wohnt."

„Es ist nicht gut, dass es leer steht. Neulich war ein Einbrecher im Haus. Der ist dann durch die Decke gekracht ..."

Als Übersprunghandlung ließ ich mir noch einen Likör nachgießen und schüttete ihn eiligst herunter.

„Wenn ihr wollt, kann ich euch das Haus mal zeigen."

Und so geschah es, dass wir drei Tage später mit dem Burgführer wieder im Haus Voigtland standen, den Schaden, den „der Einbrecher" angerichtet hatte, begutachteten und den Eigentümer immer wieder murmeln hörten: „Der Platz braucht jemanden."

Und insgeheim konnten alle Beteiligten sich schon denken, wen.

EIN JAHR IM VERZAUBERTEN GARTEN

Bald darauf zogen Laura und ich ein. Ein Haus ohne fließend Wasser, ohne Strom, ohne Kanalisation, Handyempfang nur sporadisch. Ein Ort voller Geschichten, durchdrungen von Seelenruhe und bestem Empfang für die Stimmen der Natur.

Trinkwasser holten wir fortan in großen Kanistern von einer Quelle. Wir verwendeten freilich nur ökologisch einwandfreie Geschirrspülmittel und bauten uns eine Komposttoilette. Strom gab es einfach nicht. Wir leuchteten mit Kerzen und machten die Musik einfach selbst. Der Ort begeisterte uns auf unwiderstehliche Art. Wir drängten nach und nach die Brombeeren zurück, sensten uns Wege durch die Wiese und schufen uns mit Hacken und Spaten ein kleines Feld für den Gemüseanbau. Vom Obstschnitt bis dato noch keine Ahnung, fanden wir einen Freund, der uns half und von dem ich sehr viel lernen konnte. So „renovierte" ich nach und nach die alten Bäume, die Erich schon vor vielen Jahrzehnten gepflanzt hatte. Außerdem setzte ich ein paar neue, als Nachfolger, denn kein Baum lebt ewig. Wir stutzten einige der Haseln und gewannen, zusammen mit dem Schnittgut der Obstbäume, so unser Brennholz für den übernächsten Winter. Erich hatte sein gesamtes Grundstück mit Wildsträuchern umpflanzt, die ihm nachwachsendes Brennholz lieferten, genauso wie Baumaterialien und Stiele für Werkzeug. Damit wir bereits trockenes Brennholz für den kommenden Winter hatten, trugen wir reichlich totes Holz zusammen, welches wir aus Baumruinen schnitten oder im nahen Wald fanden. Natürlich ließen wir auch genug stehen, da dies der Lebensraum für sehr viele Tierarten ist. Der verwunschene Garten war längst angestammter Lebensraum für Fledermäuse, Hasen, Zauneidechsen, Wiesel und viele andere Tiere geworden, denen wir so wenig wie möglich auf die Füße treten wollten. Alles, was wir anpackten und veränderten, taten wir in größtmöglicher Achtsamkeit für die eingesessenen Mitbewohner des Platzes. Die dünneren Äste und Zweige sowie die geschnittenen Brombeerranken verflochten wir zwischen den Haseln zu einem natürlichen Zaun, welcher einerseits die Rehe und Wildschweine aus dem Grundstück raus und unsere drei Hunde drinnen halten sollte. Beides gelang uns bei den weiten Ausmaßen dessen nicht wirklich und so machte sich unser Rudel bisweilen auf fröhliche Jagdpartien im Donnersberger Wald auf, was uns einiges an Nerven kostete.

Es wurde Sommer und überall leuchteten plötzlich blaue Lupinen aus der Wiese. Überhaupt gab es eine große Vielfalt an wilden Blumen, an Vögeln und Insekten. Die Bienen über der Tür blieben freilich wohnen und wir hatten ein beiderseitiges respektvolles und gutes Auskommen miteinander. Bei allem, was wir hier umgestalteten, fühlten wir uns zuvor in den Ort ein und beobachteten gut, ob wir vielleicht irgendwelchen „Einheimischen“ den Lebensraum nahmen und ob und wie das zu verantworten wäre. Durch unsere Achtsamkeit belohnte uns die Natur mit vielen wunderbaren Augenblicken. Und so fragte ich auch immer wieder in stiller Zwiesprache Erich, ob wir das jetzt tun könnten. Manchmal fragte ich ihn sogar, wo welches Werkzeug zu finden sei, und tatsächlich fand ich es bisweilen dann auch wirklich.

Immer wieder luden wir Freunde ein, um ihnen den Platz zu zeigen, und auch, damit sie uns ein bisschen halfen. Ich organisierte Selbstversorger-Wochenenden, an denen ich Jugendlichen den Wert des freien Lebens in der Natur vermittelte. Dafür bauten wir ein großes Tipi auf, wo wir nach dem Tagewerk zufrieden ums Lagerfeuer saßen, redeten, lachten und sangen. Die Einheimischen wunderten sich sehr über uns, dass wir da so hausen konnten, so ohne alles. Wir selbst empfanden eher das Gegenteil. Wir lebten mit allem! Geld brauchten wir nicht viel, denn unsere Miete war unsere Arbeit am Platz und im Haus, zu dessen Instandhaltung und Renovierung. Gemüse hatten wir im Garten und die weiteren Lebensmittel bezogen wir von einem der ersten SoLawi-Höfe in Deutschland, dem Schmitthof in Weitersweiler. Dort zahlten wir einen von uns frei gewählten Monatsbeitrag, arbeiteten hier und da mit und konnten dafür aus den Vorratskammern nehmen, was wir brauchten. Laura ging ab und an bedienen und ich hier und da gärtnern.

Die Natur hatte mich bald voll im Griff. Ich musste und wollte kaum noch weg. Ich baute alte Trockenmauern wieder auf, sortierte, räumte und ordnete alten Plunder und noch brauchbares Werkzeug. Wie besessen pflanzte ich Stauden, Kräuter und Sträucher. Laura spezialisierte sich auf das Haltbarmachen und Veredeln des Gemüses und der Wildfrüchte. Der Vorratskeller füllte sich immer mehr. Es war ein genialer Lagerraum mit Lehmboden und guter Belüftung, der nach und nach einem Bioladen glich. Die Regale füllten sich mit Gläsern voll Marmelade, Sirup, eingeweckten Früchten, Pestos und eingelegtem Gemüse. Fröhlich blubberte der angesetzte Brombeerwein im Gärfass. Dana, meiner geliebten Hündin, und Wolfi und Baldur, ihren Söhnen, ging es ebenfalls prächtig in dieser Zeit. Was für ein Hundeleben! Bald kam auch noch eine kleine getigerte Katze namens Ayla hinzu, die sich bestens ins Rudel integrierte. Zur Untermiete hatten wir auch noch eine wüste Bande Siebenschläfer, die nachts ihr Unwesen trieb und viel Chaos stiftete. Irgendwann baten wir sie, bitte nach draußen in den Garten zu ziehen. Als sie sich weigerten und weiterhin unsere Küche plünderten, folgte die Zwangsräumung. Mit einer Lebendfalle fingen wir nach und nach insgesamt dreizehn Bandenmitglieder, die wir dann einige Kilometer weiter, am Rande von Imsbach, wieder aussetzten. Täglich badeten wir im nahen Weiher. Dort schlossen wir Freundschaft mit den Anglern des ASV Steinbach. Jeden Abend saßen sie dort auf der Bank und angelten nach Bier, bis der Kasten leer war. Manch gesellige Stunde verbrachten wir mit ihnen und lernten dabei viel über Land, Leute, Fische und Fußball.

Im Herbst hingen die Bäume voller Äpfel, Birnen und Quitten. Wir schafften Erichs alte Kelter aus dem Keller und brachten sie wieder auf Vordermann. Wir besorgten uns Flaschen, luden Freunde ein und sammelten dann Früchte, was das Zeug hielt. Das Obst wurde zerkleinert, in die Kelter gefüllt und dann mit vielen Umrundungen und Muskelkraft gepresst. Golden floss der Saft in den Eimer, aus dem wir die Flaschen befüllten. Ein Feuer brannte unter dem großen Wurstkessel, bis das Wasser darin um die 80 Grad hatte. So machten wir unseren Saft haltbar für den Winter. Wir sammelten Nüsse, Hagebutten und Schlehen nach den ersten frostigen Nächten. Unterm Dach hingen zahlreiche Kräuterbüschel, aus denen ich würzige Tees zusammenstellte. Im Keller packten wir das Wurzelgemüse in Kübel mit Sand. Natürlich hatten wir auch Erichs selbst gebautes Stiegensystem für Äpfel und Birnen prall gefüllt. Der Winter konnte kommen. Nun boten sich die langen, durchaus auch dunklen Nächte an, um nach innen zu schauen. Um zu erinnern. Das kann zu unermesslichen Schätzen führen, aber auch zu Gespenstern auf dem Dachboden. Es will gelernt sein diese Stillzeit, wenn es draußen regnet und unwirtlich ist, ohne Strom und die mit ihm verbundenen Berieselungen auszuhalten oder gar zu zelebrieren. Hier kam ich noch mal tiefer und anders in Kontakt mit dem Geist des alten Erich, den ich so manches Mal nah bei mir fühlte.

WANDERVOGEL UND URZEITVEGETARIER

Laura und ich fühlten in der Zeit im Haus Voigtland großen Respekt und Dankbarkeit für Erich Krüger und sein Lebenswerk. Aus den Fragmenten, die mir das alte Fotoalbum, ein paar Anekdoten von Menschen die ihn noch gekannt hatten und aus dem, was mir uns der Ort selbst über ihn offenbart hatte, skizzierte ich in jenem Winter seine Lebensgeschichte, die es sicher wert wäre, ihr ein ganzes Buch zu widmen. Doch das könnte wohl nur Erich selbst schreiben.

Dass es schon Anfang des 20. Jahrhunderts Menschen gab, die der Industrialisierung überdrüssig geworden waren und von einem neuerlichen Herzensbündnis des Menschen mit der Natur träumten und diesem Traum auch sehr konsequent gefolgt waren, hatte ich bis dahin nicht gewusst. Der Traum vom anderen Leben, vom Leben abseits der Norm, hat Geschichte.

Erich Krüger kam aus der Umgebung von Berlin, dort lebte er mit seiner Frau. Ein Foto zeigt sie mit wallenden Haaren in einer Baumkrone, wie eine Elfe. Die beiden bekamen ein Kind, Peter. Doch als der Junge vier Jahre alt war, erkrankte die Mutter an Tuberkulose und überlebte sie nicht. Es war auch die Zeit, in der die Nationalsozialisten nach der Macht griffen. Es mögen diese beiden Umstände gewesen sein, die Erich letztlich dazu geführt haben, mit seiner Tante Luise und dem kleinen Peter in die Pfalz zu ziehen. Mit dem Pferdekarren kamen sie am Donnersberg an, wo sie einen Hektar Land erwarben. Genau so viel Platz hatte Erich vorgesehen, um seine Vision von einem autarken Leben umzusetzen. Es war für die Einheimischen ungewöhnlich, dass jemand von so weit her, aus der großen Stadt Berlin, hier aufs Land zog. Anfangs noch etwas misstrauisch beäugt, erwarben die drei bald aber den Respekt der Steinbacher Dorfbevölkerung. Mit Leibeskräften baute Erich ein Sandsteinhaus mitten in die Wiesenlandschaft am Fuße des Donnersberges. Dafür installierte er einen Flaschenzug, mit dem er die Steine, die mit Pferdekarren am Fuße des Hanges angeliefert wurden, hinauf zum höchsten Punkt des Grundstücks beförderte. Mit Hacke und Schaufel schuf er dort ein Plateau und baute mit großem handwerklichen Geschick das Haus an den Hang. Während der Bauzeit lebten die drei in einer Holzhütte, die er zuvor errichtet hatte. Es ist anzunehmen, dass er auch schon währenddessen mit der Tante zusammen einen Garten zur Selbstversorgung mit Kartoffeln und Gemüse anlegte. Zahlreiche Obstbäume, drei Walnuss- und zwei Schwarznussbäume wurden gepflanzt. Aus den Nüssen presste er später dann sein Speiseöl. Wohl auch in dieser ersten Pionierzeit grub er zwei Brunnen: einen in Hausnähe, der heute leider versiegt ist, und einen für den Garten. Wie viel muss dieser Mann, der nicht mal 1,70 Meter groß gewesen war, gearbeitet haben?

Auf den alten Bildern waren mehrere drahtige, splitternackte Männer bei Erdarbeiten zu sehen. Die gleichen Leute dann im Kreis auf der Erde sitzend, Erich mit einer Laute frohlockend. Ein Bild, das auch aus meiner Gegenwart hätte stammen können. Und das alles trug sich zu, während das restliche Deutschland für den großen Krieg aufrüstete. Hitler war an die Macht gekommen. Die Bilder zeigten auch immer wieder Erich mit seinem kleinen, langhaarigen Peter in großer Freude. Es scheint, als hätten sie nach dem Tod der Mutter zurück ins Glück gefunden. Im Winter wurde Ski gefahren. Die wurden natürlich selbst gebaut. Klamotten wurden genäht und das Schusterwerkzeug im Keller verrät, dass Erich sich auch in diesem Handwerk auskannte. Dass er sich rein vegetarisch ernährte, machte ihn zu dieser Zeit sicher zum Exoten. Aber das war er ja ohnehin. Dennoch spielte er zu Festen auf und war zumindest hier und da ein gern gesehener Gast.

Die Gesichter auf den Bildern werden bedrückter. Bald waren Erichs Haare gestutzt und er steckte in einer Uniform, der Wahnsinn des Krieges machte auch vor ihm nicht halt. Dunkle Wolken zogen auf über dem kleinen Paradies um das Haus Voigtland. Alle Männer mussten an die Waffen, auch der Pazifist Erich Krüger und dessen noch nicht ganz volljähriger Sohn. Die Bilder mit ernsten Minen, geschorenem Gesicht und kurzen Haaren unter der Soldatenmütze sprachen Bände. Was die beiden dann an den verschiedenen Fronten erlebten, weiß ich nicht. Von den Gräueln des Zweiten Weltkrieges haben wir alle gehört. Eines Tages, in einer Kampfespause, wurde Erich plötzlich zu Boden gerissen, ohne dass ein Schuss gefallen wäre. Sein Herz tat unendlich weh. Da wusste er, dass soeben sein Peter gefallen war, irgendwo, an einem anderen Ort auf dem Schlachtfeld Europa. Das Sterben von Vätern und Söhnen war in dieser Zeit allgegenwärtig, nahezu alle Familien hatten mit Verlusten umzugehen. Die Bilder von Erich nach dem Krieg lassen ihn viel älter aussehen. Der nun wieder vorhandene Bart stark ergraut, der Blick schwermütig. Er pflanzte für Peter die Tanne vor das Haus, die es heute überragt.

Die Tante ist nun auch nicht mehr auf den Bildern zu sehen. Wann genau sie verstorben ist, weiß ich nicht. Jetzt war er der Einsiedler, der allein da draußen lebte. Seine Überschüsse an Obst und Gemüse trug er mit Körben zum Markt, um sich die Dinge kaufen zu können, die er nicht selber herstellen konnte. Für den Winter baute er Skier für die Leute, außerdem hielt er Bienen, von denen er etwas Honig verkaufte. Ab und an unterrichtete er das Gitarrespielen. Ob er jemals wieder eine Gefährtin hatte, bleibt sein Geheimnis.

Als er älter wurde und merkte, dass die Kraft immer mehr nachließ, suchte er nach Nachfolgern, die mit ihm leben und eines Tages sein Vermächtnis antreten würden. Dabei traf er auf Roland und seine Familie, junge Idealisten Anfang der 80er-Jahre. Sie zogen zu ihm und halfen fortan kräftig mit. Doch hatte Erich schon zu lange allein gelebt. Von allem hatte er seine ganz genaue Vorstellung und so kam es, wie so oft, zu Unzufriedenheit bei den jungen Leuten, die sich doch selbst ausprobieren wollten. Es war eine neue Generation, mit neuen Ideen. Das Zusammenleben wurde immer schwieriger, bis die Familie wieder auszog. Erich blieb allein und tat, was er noch tun konnte. Die Fotos zeigen ihn als dürres Männlein, braun gebrannt und drahtig, mit langem weißem Bart. Jetzt besuchte ihn öfter ein Freund aus Worms, half mit und unterstützte ihn. Als Erich im Winter dann kaum mehr von seiner wärmenden Küchenhexe fortkam, überredete ihn der Freund, zu ihm nach Worms zu ziehen. Wie muss es sich wohl angefühlt haben, als der alte Mann, in dem doch zugleich noch immer der junge Wandervogel steckte, zum letzten Mal das Gatter seines Grundstückes hinter sich schloss? Kurze Zeit später verstarb Erich in der Stadt. Der schon betagte Freund hatte das Grundstück vererbt bekommen, doch dessen Frau wollte nicht aus Worms weg.

Als er es nicht mehr schaffte, der Lage um das Haus Voigtland Herr zu werden, verkaufte er es schließlich an den Burgführer und seine Frau, die sich ein Wochenend-Familienidyll daraus machen wollten. Bis zur Scheidung. Und dann kamen wir als Platzhüter, jung, naiv und voller Flausen.

Wenn ich von unserer Zeit dort erzähle, klingt es nach dem Paradies. Doch mit der Zeit wurde es beschwerlich. Zu viel Zeit allein, zu viel zu tun, Unzufriedenheit. Immer wieder fühlte ich mich allein gelassen mit der Arbeit, die ich mir allerdings auch selbst aufgebürdet hatte. Noch dazu holten uns die alten Beziehungsschwierigkeiten auch hier ein. Das zweite Jahr war schwer. Die Euphorie der frischen Verliebtheit in diesen Platz und seine Geschichte wich der Realität des Alltags.

Einmal öffnete ich ein Schranktürchen, was ich bis dahin irgendwie übersehen hatte. Darin lag auf einem holzwurmzerfressenen Regalbrettchen Erichs Brille. Ich freute mich, diesen doch so persönlichen Gegenstand gefunden zu haben, schließlich hatte sie viele Jahre täglich auf seiner Nase gesessen. Doch in dem Moment, als ich sie anfasste, zerfiel sie tatsächlich zu Staub. Da wurde mir klar, dass ich in Fußspuren getreten war, die mir zu groß waren. Erich Krüger war wie ein Dinosaurier aus einer längst vergangenen Epoche. Die Welt, in der er sich diesen Ort geschaffen hatte, war inzwischen eine ganz andere geworden, es gab neue Herausforderungen, neue Möglichkeiten und auch neue Unmöglichkeiten. Wir hatten zeitweilig ein Erbe angetreten, welchem wir nach bestem Gewissen gerecht werden wollten. Dennoch konnten wir das Lebenswerk des Einsiedlers nur streifen. Wir waren Kinder einer anderen Zeit, dezentrales Leben war für uns normal. Die Welt war groß und ferne Ziele dennoch leicht erreichbar. Es gab zu viele offene Wege, die ein auf Dauer so ortsgebundenes und autarkes Leben, wie Erich es geführt hatte, für uns in dieser Lebensphase auf Dauer nicht funktionieren ließen.

Dennoch schmerzte es uns beide sehr, als die Ex-Frau des Burgführers vor Gericht das Haus für sich und ihren Sohn einklagte und uns klar zu verstehen gab, dass sie nicht wollte, dass wir hier „einfach so“ lebten. Obwohl sie ein Haus am Rande des gleichen Dorfes besaß, wollte sie dieses auch noch haben. Fürs Wochenende oder einfach nur so, damit es nicht ihr Mann und auch niemand sonst hatte. Uns war klar, dass sie die Arbeit, die mit dem Platz verbunden war, niemals bewerkstelligen konnte, und gern hätten wir eine gemeinsame Lösung gefunden. Aber sie ließ uns keine Chance, wir mussten gehen.

Im Trubel dessen ging auch unser Liebes-Revival wieder flöten. Wir teilten das Rudel auf, Dana und Wolfi blieben bei mir, Baldur und das Kätzchen Ayla zogen zu Laura. Mein zweiter und zugleich auch schon letzter Winter in Steinbach war einsam und düster. Ich stand auf verlorenem Grund, im März musste ich draußen sein. Was nutzte ein voller Keller und all das gesammelte Brennholz, wenn ich mich so verdammt einsam fühlte, in dem Haus da draußen, dunkel, ohne Strom, ohne Internet und Telefon, ohne Ablenkung? Nein, ich musste weg, Raum zwischen mich und meinen geplatzten Traum bringen. Und so fuhr ich los, um mit Straßenmusik meinen nächsten Traum anzupeilen: den des Busnomaden, der nicht weit kam – nur bis zum Reinighof. Aber immerhin fand ich dort das, was mir in den Fußstapfen des Einsiedlers gefehlt hatte: Gemeinschaft.

Erneut steige ich durch die Hecke. Ich kehre noch einmal zurück zum Haus Voigtland und finde es in erneutem Dornröschenschlaf versunken. Das Haus und das Drumherum wirken verwaist. Einige Blumen und Kräuter, die ich einst gepflanzt habe, behaupten sich und erweitern die Lebensvielfalt, die es hier ungebrochen gibt. Ich pflücke zwei Kirschen und lege sie an die Wurzel des Hausbaumes, einst von Erich im Gedenken an Peter gepflanzt. Mit ihr den Wunsch, dass eines Tages der Ort wieder von Menschen bewohnt sein möge, die ihn im besten Sinne eines Selbstversorgers der heutigen Zeit weiter kultivieren. Vielleicht als Permakultur-Lebensgarten. Was auch immer: Es ist ein gutes Stück Erde, für Mensch und Natur. Danke, Erich und all ihr alten Pioniere, dass ihr gezeigt habt, dass immer was geht!

JUTTI

DIE FRISCHWINDBRINGERIN
IM KUNTERBUNTBUS

„WENN ICH IM FLOW BIN, ALSO IM HIER UND JETZT, DANN HAB ICH GLÜCK. DAS IST UNUMSTÖSS-LICH. UND SO FUNKTIONIERT'S!"

Mio humpelt plötzlich. Dennoch zeigt er mir mit johlendem Gebell, wo es langgeht: auf den Donnersberg. Ich stimme mit ein und renne los. Mio folgt zunächst noch dreibeinig, aber nach ein paar Hundert Metern setzt die Wunderheilung ein und er überholt mich. Ich schnappe mir ein paar tiefschwarze Früchte von einem Kirschbaumgreis, um dann mit roten Lippen und Kirschkern spuckend ins Wildensteinertal zu spurten. Das Bachbett ist trocken, wie immer um diese Jahreszeit. Über herumliegende Baumstämme springend bestaune ich den urigen Schluchtwald aus Bergahorn, Linden und Eschen. Der Pfad führt bald die Bergflanke hoch und innerhalb von Minuten wandelt sich der satte, hochstämmige und frische Wald in trockenen und niedrig wachsenden Kiefern- und Traubeneichenwald. Die scharfkantigen Felsen dazwischen und die absolute Trockenheit des porösen Bodens vermitteln ein mediterranes Flair. Ich erreiche die spärlichen Reste der Burg Wildenstein, fernab der Wege. Dort klettere ich auf den höchsten Punkt, um zwischen gelb blühender Tripmadam und Mauerpfeffer unter duftenden Linden mir den Segen für meine Reise abzuholen. Allem Anfang wohnt ein Zauber inne, so heißt es und so ist es auch. Dann rennen wir weiter, immer wieder von grandiosen Aussichten über die liebliche Pfalz zum Innehalten genötigt. Zurück auf den Streuobstwiesen steuere ich den Teich der Angelfreunde an, der während meiner Zeit auf Erichs Land meine Badewanne gewesen ist. Klamotten runter und rein da, bevor es mit wallendem Blut und zutiefst erfrischt weitergeht.

Ich fahre zum *Kult*, der Rockdisco am Ende des Universums. Das ist gleich hinter dem Donnersberg, in einem kleinen Kaff namens Gundersweiler. Laura lebt mittlerweile dort, zusammen mit dem Kult-Besitzer Mario und ihren beiden Töchtern. Doch nicht sie will ich heute treffen, sondern eine Frau, die mich und viele andere Freigeister auf ihren Wegen querfeldein inspiriert hat. Das Kult ist eine ihrer Residenzen, wo sie immer wieder für Tage oder auch Wochen mit ihrem kunterbunten Schneckenhaus steht. Sie ist ein bisschen wie ein Fabelwesen und doch zutiefst menschlich. Ihr Name ist Jutti.

Vor etwa 15 Jahren habe ich sie zum ersten Mal getroffen. Damals fuhr ich mit meinem VW Passat zum Supermarkt und parkte dort neben einem fantastisch bemalten Mercedes 508er Wohnbus, an dem alles bis auf die Räder selbst gemacht schien. Die Bemalungen des Gefährts waren nicht einfach naiv gekleckste Sonnenblumen und Herzchen, nein, es war ein richtiges Gemälde, was sich über die Wände und das Dach ausbreitete. Spitzkegelige Pilze, kleine Männchen, rankende Pflanzen und viele Gründe mehr, regelmäßig von Polizisten mit der Stop-Kelle aus dem Verkehr gezogen zu werden. Ein untypischer Geruch lag über dem Parkplatz und machte mir sofort ein heimeliges Gefühl. Es roch nach Lagerfeuer. Der Rauch kam aus dem Abzugsrohr, welches aus dem Dach der bunten Kiste ragte und ein kleines Hütchen trug. Gemütlichkeit leuchtete aus den Fenstern. Ich musste einfach anklopfen und eine bestens gelaunte Hexe öffnete mir. Dreadlocks mit Muscheln und Holzperlen fielen ihr über die Schultern. Nicht nur ihr Gesicht lächelte: Der ganze Mensch lächelte. „Hi! Willst du reinkommen?"

Ich konnte gar nicht anders. Die Schuhe musste ich ausziehen, dann betrat ich das rollende Knusperhäuschen, in dem sich eine ganze Welt aus kunstvollen und kuriosen Dingen entfaltete. Wichtelhaft waren die Schränke, Regale und die Küchenzeile aus krummem Holz gestaltet. Ein Teekessel dampfte auf dem verschnörkelten grünen Holzofen. Jutti setzte sich aufs Bett, das zugleich ihr Sofa war, und lud mich ein, mich dazuzusetzen. Ein winzig kleiner schwarzer Hund tauchte wie aus dem Nichts auf und beschnupperte mich lustig. „Das ist die Line."

Ich sah mich um und kam aus dem Staunen nicht heraus. Ein Mini-Flügel mit kleiner Ballerina darauf hing in der Ecke und wenn man ihn aufklappte, kamen hohe Töne heraus, woraufhin die Ballerina zu tanzen begann. An der Decke war ein Springfeder-Tischfußballspiel aufgehangen. Kerzen brannten hier und da, eine bunt bemalte Gitarre stand da und es roch entweder nach Räucherstäbchen oder sehr starkem indischen Gewürztee, vielleicht auch nach beidem. Es gab in dieser komprimierten Kastenwelt so viel zu entdecken wie auf einem Rummelplatz. Der Raum hier drinnen war in jedem Fall um ein Vielfaches größer, als er von außen erschien. Wie im Haus der Schnecke, wo man sich fragt, wie sie da überhaupt hineinpasst. Aber ist sie erst mal drin, dann gibt es da eine Wendeltreppe und mehrere Zimmer, in denen sie ihr vor aller Welt verborgenes Mollusken-Dasein führt. Dieses jedoch entzieht sich der Methoden der empirischen Wissenschaft und so auch Juttis wunderbare Welt. Zeit und Raum gingen mir verloren. Wir redeten über alles, was uns in den Sinn kam, als würden wir uns schon ewig kennen.

Als ich völlig geflasht den Bus wieder verließ, hatte der Supermarkt längst zu, aber das war ganz egal. Ich war wohl genährt auf allen Ebenen. So konnte man also auch leben, wenn man es konnte ... und sich traute.

Heute brauche ich nicht zu klopfen. Lotte, ein Hund noch kleiner als damals Line, gar so klein, dass ihn ein Habicht einfach so als Handgepäck mitnehmen könnte, kündigt mich und den mindestens zehnmal größeren Mio mit Getöse an. Alle Fenster sind weit aufgeklappt. Jutti und ich freuen uns beide sehr, uns wiederzusehen. Ungefähr einmal im Jahr treffen wir uns regelmäßig zufällig. Heute das erste Mal mit Verabredung. Jedes Mal staune ich wieder über die plundervolle Schönheit von Juttis Zuhause. Alles wirkt irgendwie beseelt und erzählt Geschichten aus einer anderen Welt, die sich mit der gewohnten immer da überlappt, wo Jutti und ihr Fantasiemobil auftauchen. Ich habe ein Sammelsurium aus frühreifen Mirabellen, Stachelbeeren, Jostabeeren und schwarzen Kirschen dabei. Als ich meinen Aufnahme-Kobold auf den Tisch packe, fühle ich mich wie ein Reporter. Kurz kommt der uns beiden unangenehme Anflug einer gekünstelten Situation in den Raum, aber mit dreimal kräftig pusten fliegt er wieder aus dem Fenster und wir sind so wie immer: immer anders und spontan.

WIE JUTTI BUS-NOMADIN WURDE

Einen Monat vor der Abschlussprüfung ihrer Ausbildung zur Krankenschwester folgte Jutti, damals 24 Jahre alt, ihrem Traum, in einen Bus zu ziehen. Eine kleine, leicht überschaubare Welt zu haben, voll beweglich, um immer zu Hause zu sein, ohne feste Wurzeln schlagen zu müssen. Sie bat ihre Eltern, die ein großes Weingut führten, um die Auszahlung ihres Bausparvertrages. Trotz der zu erwartenden elterlichen Skepsis und Sorgen um die Zukunft des flügge gewordenen Kindes, halfen sie Jutti, ihre Flügel zu entfalten. So kaufte sie sich ihren ersten Bus und baute ihn nach ihren Vorstellungen selbst aus.

Sie kam aus der Berufsschule, stieg ein und das Leben auf Rädern begann. Wohin sollte es gehen? Afrika? Indien? Oder doch nur nach Griechenland? Nichts davon. Jutti brauchte nicht viele Kilometer, um genug Land zwischen sich und die bürgerliche Normalität zu bringen. Sie pendelte zwischen dem Hunsrück, der Nordpfalz und ihrer alten Heimat bei Bad Kreuznach hin und her und genoss die Freiheit der konstanten Geraden in ihrem Dreieck. Sie arbeitete eine Woche im Nachtdienst und machte dann drei Wochen frei. Ein paar Jahre lang war sie damit vollends zufrieden. Doch dann wurde ihr der Radius zu klein und ihre Arbeit als Altenpflegerin erfüllte sie nicht mehr, zu eng und zu unmenschlich erschien ihr das Korsett des Gesundheitssystems. Schließlich kündigte sie ihren Job, es war an der Zeit, ins Ungewisse zu ziehen. Auch sie kam nicht um die Furcht herum, die der damit verbundene Nebel der Unwägbarkeiten mit sich bringt. Doch da muss man durch, wenn man wirklich spontan leben und die wundersamen Kräfte der glücklichen Fügungen für sich begeistern will.

Ihre Entscheidung war gefallen und sie gab ihre letzte Sicherheit, den festen Job auf. Alsbald lernte sie den Biesterschieder Bürstenbinder Uwe kennen und der erkannte Juttis Talent, wohlwollend mit Menschen kommunizieren zu können. Sie bezog einen Stand auf dem Weihnachtsmarkt und verkaufte fortan in der Adventszeit seine handgefertigten Bürsten. Da sie mittlerweile gelernt hatte, minimalistisch und doch zugleich in der Fülle zu leben, reichte ihr das Geld, um den Winter im sonnigen Süden zu verbringen. Wenn man bedenkt, wie lang der gut verdienende Normalverbraucher für zwei Wochen Sommerurlaub auf Malle oder an anderen Stränden sparen muss, um dann im Klub der lebenden Ölsardinen entspannen zu können ... Anstelle eines Hotels mit All you can eat und gechlortem Pool, entschied Jutti sich für das Hippie-Winterflüchtlingslager Benefizio, mitten in der Wildnis Spaniens. Etwa eine Stunde von Granada entfernt führt eine Straße in die Berge. Entlang derer stößt man irgendwann auf unzählige Fahrzeuge, die dort abgestellt sind, manche für Tage, andere für Jahre. Hier beginnt das LaLa-Land, wie Jutti es nennt. Ein anarchistisches Stück Erde, welches ein englisches Paar vor über dreißig Jahren gekauft hat, damit dort jeder, der wollte, leben konnte, so wie er es für richtig hielt. Einfach so, wenn er es denn konnte, ohne den Komfort der Zivilisation. Keine Gewalt, kein Alkohol und keine Drogen waren die einzigen Grundregeln. Den Respekt vor der Natur setzte man voraus. Das Experiment ist nur bedingt geglückt. Zum einen ist Benefizio bis heute Refugium für Lebenskünstler, Suchende, Gestrandete und Geflohene, zum anderen gibt es kein Paradies ohne Schlangen, ohne Versuchungen und gespaltene Moralvorstellungen. Die spanische Polizei duldet dieses Niemandsland, vielleicht weil man auch einfach nicht weiß, wohin mit den ganzen seltsamen Kreaturen, wenn man sie hier verscheuchen würde. Unten bei der Straße könnte man sagen, ist das Getto. Hier geht so ziemlich alles. Je weiter man den beschwerlichen Pfaden den Berg hinauf folgt, umso ruhiger und friedlicher wird es. Dort leben dann die naturverbundeneren Leute, die spirituellen Sinnsucher oder einfach nur die gechillteren Marihuana-Selbstversorger. Für jeden ist etwas dabei. Und jeder findet dann auch Freunde und Gleichgesinnte, mit denen er seine Sicht aufs Leben teilen kann. Die gemeinsame Wasserstelle, in dem meist staubtrockenen Gebiet, ist der Ort, wo alle früher oder später hinmüssen. Wie in der Kalahari, wo dann Zebras, Elefanten, Löwen, Affen und Krokodile irgendwie temporär sich arrangieren müssen. Schlussendlich auch ein Spiegel der Gesellschaft, nur ein bisschen mehr Filz in den Haaren, weniger Besitz und anderes Konsumverhalten. Es gibt bodenständige Handwerker und Bauern, „Heilige", Bettler und Diebe von Zeit und Energie. Und natürlich einen überdurchschnittlich hohen Anteil an Künstlern in eigener Sache. Es gibt die Moralapostel und die notorischen Quertreiber. Manche wünschen sich mehr Gemeinschaft, andere mehr ihre Ruhe.

„Ich hab immer meine Leute gefunden, mit denen ich gut konnte. Und wenn ich keine Lust mehr auf gewisse Leute oder den Ort hatte, war ich ja frei, mich weiterzubewegen. Es war stets gut, diesen Ort zu haben, wo ich einfach sein und bleiben konnte, ohne mich erklären zu müssen. Man kommt und man ist da. Fertig."

DAS FREU-ORAKEL UND DER WERMUTSTROPFEN

Eines frostigen Tages auf dem Weihnachtsmarkt lernte Jutti die Frau vom Stand mit den selbst gemachten Lampen kennen. Den beiden ging ein Licht auf und mehr noch als das, funkte es heftig. Bald parkten ihre beiden Busse kuschelig nebeneinander. Sie entschlossen sich, nun gemeinsam vollends selbstständig zu werden, mit selbst gebastelten Grußkärtchen und großen Autoaufklebern, für Freaks, die selbst nicht so gut malen konnten. Und aus all diesen Motiven entstand dann ihr berühmtes Freu-Orakel. Ein Set aus runden Kärtchen, welches viele Gründe zum sich freuen liefert, egal welches man zieht: Das Leben meint es immer gut mit einem! Jutti war die, die die Kärtchen unter die Leute brachte. So traf ich sie immer wieder mit einem lustigen Fahrrad mit großem Korb und gelbem Sonnenschirm darüber gespannt, über bunte Festivals radeln, als Hausiererin der Lebensfreude. Das Orakel verkaufte sich sehr gut. Bald kamen Leute auf sie zu, die dasselbe in groß wollten und ließen sich von den beiden ganze Hausfassaden mit den Freu-Motiven bemalen. Sie verdienten damit so viel Geld wie sie brauchten und fuhren dann mit ihren zwei Bussen los, quer durch Europa, monatelang. Sie hatten eine sehr schöne Zeit und wenn sie nicht gelandet wären, so führen sie noch heute ... Doch fehlte ihnen auf Dauer ein eigener Platz, an dem sie ihre inneren Gärtnerinnen rauslassen konnten. Also machten sie sich auf die Suche und fanden alsbald in der Rhön ein wunderschönes Grundstück: 3.000 m^2 groß, mit Teich und eigener Quelle. Perfekt! Sie bauten sich eine Hütte darauf, ein Brückchen und ein Törchen und überall Blümchen und Mäuerchen und Hängematte und Friede, Freude, Eierkuchen. Auf die Nachbarn wirkten die beiden etwas exotisch. Ein Frauenpaar mit Filzlocken, das in Bussen lebt. Aber irgendwie auch schnuckelig und so wurden sie adoptiert und erfuhren mütterliche und väterliche Hilfsbereitschaft, wie sollte es auch anders sein?

Auch Jutti mag heute ihren Hafen nicht mehr missen, von dem aus sie immer wieder in See stechen, und zu dem sie immer wieder zurückkehren kann. Zwar sind die beiden kein Paar mehr, doch sie teilen sich noch den Platz. Jutti genießt vor allem die Winter in der Rhön, wenn dort auf der Höhe schon die Sonne scheint und über den Tälern noch der Nebel

hängt. Und eine neue Freundin hat sie ja auch! Lotte, der Hund im Handtaschenformat mit dem schiefen Gebiss. Hätte Lotte Mios Größe, würde sie ziemlich furchterregend aussehen – und wohl auch nicht in Juttis Bett residieren. Aber ihr kompaktes Format macht sie für dauerhaftes Busleben doch sehr praktikabel.

Juttis bunte Welt auf Rädern zieht Kinder magisch an. Wenn sie irgendwo auftaucht, dauert es nicht lange, bis ihr gut geräucherter Mikrokosmos zum Vergnügungspark wird, dann wird gespielt, gelacht und getanzt. Vielleicht ist sie eine Art Pipi Langstrumpf, irgendwie groß und stark und zugleich doch noch Kind. „Mittlerweile kommen manchmal so 20- bis 30-jährige Männer oder Frauen zu mir und fragen, ob ich sie noch kenne. ‚Damals kam mir dein Bus viel größer vor!‘, sagen sie häufig."

Eine überschaubare Welt hat sie. Solange das Dach dicht ist und die vier Räder rollen, ist alles gebongt. Es braucht nicht viel Geld für so ein Leben. Aber was, wenn die Kiste mal schlappmacht? Mit Autoreparatur kennt Jutti sich nicht aus. „Dafür habe ich keinen Ehrgeiz, andere können das besser. Es fügt sich schon immer wieder ganz gut zusammen. Das ist so, unumstößlich. Ich vertraue ins Universum. Damals meine Kündigung im Altersheim war mein Schlüsselerlebnis dafür. Wenn ich im Flow bin, das heißt für mich im Hier und Jetzt, dann funktioniert das. Da kenn ich mich aus, da bin ich zu Hause. Planen, terminieren, allzu rational alles durchdenken: Das liegt mir nicht. Ich kann das andere gut und das trägt. Ich habe auch keine Angst vor der Zukunft. Ich kreiere sie ja!"

Jutti schwebt in einer bunt bemalten Blase der Glückseligkeit durch eine Welt, die doch auch voller Neid, Missgunst, Umweltzerstörung und Sorgen ist. Gerade jetzt, wo neben dem Coronavirus der ebenso infektiöse Virus der Angst umgeht. Ich will wissen, wie sie das erlebt, will sie etwas herauskitzeln aus ihrer Blase, vielleicht um herauszufinden, wie tragfähig diese wirklich ist. Die Reisefreiheit ist eingeschränkt und eine ganze Weile durfte man auch nicht mehr auf öffentlichen Plätzen campieren. „Macht dir das nicht doch auch irgendwie Angst, dass bald Schluss mit lustig sein könnte?" „Nö, für mich hat sich deswegen nicht viel geändert. Ich sehe diese Zeit gerade wegen Corona als große Chance für die Menschen, weil einfach einmal alle Gewohnheiten durchbrochen werden. Ob es die Fußball-Bundesliga ist oder das Fitnessstudio oder der Fußnagelfriseur, und wo die Leute sonst noch so gewohnheitsmäßig hinrennen, es gibt einen Break, während dem man sich neu orientieren kann." Sie lacht und zündet noch ein selbst gedrehtes Räucherstäbchen an. „Und der Himmel ist endlich wieder so blau wie in meiner Kindheit! Er wird nicht mehr tagtäglich durchgepflügt. Der war ja meistens nur noch diesig. Alle Menschen werden plötzlich gezwungen, umzudenken, sich umzuorganisieren, und unmöglich Scheinendes wird plötzlich notwendig. Es ist eine spannende Zeit, es kann in alle Richtungen gehen. Ich hoffe natürlich in eine bessere als vorher. Eine Rückkehr zur ‚Normalität', in dem Sinne wie es sie vorher gab, halte ich nicht für erstrebenswert. Und außer, dass ich mit Maske und Einkaufswagen einkaufen gehen muss, hat sich für mich nichts geändert. Der Virus an sich macht mir keine Angst, da verschwende ich gar keine Gedanken dran. Ich bin dieses ‚strukturlosere' Leben ja gewohnt. Interessant ist für mich zu sehen, wie sich die sonst sehr durchstrukturierten Leute damit arrangieren. Viele scheinen froh zu sein, Zeit zu finden, für Dinge, für die sie vorher keine zu haben glaubten. Manchen macht es dann aber auch nervös. Es ist nämlich gar nicht so leicht, die Freiheit auszuhalten ..."

Damit wurde sie auch selbst konfrontiert. Nachdem nämlich ihr Vater vor zwei Jahren gestorben war, erbte sie so viel Geld, dass sie bei ihrer minimalistischen Lebensweise quasi ausgesorgt hätte. Jackpot! Lottogewinn! Aus die Maus! Und dann? Ein größerer Bus? Ein eigener kleiner Hippiestrand auf La Gomera, mit voll ausgebauter Wohnhöhle und hauseigenem Bongo-Trommler? Jutta fühlte sich mit diesem Abo für lebenslängliche Komfortzone plötzlich gar nicht mehr wohl. Es gab keinen Grund mehr, irgendwas zu tun, außer sich die Sonne auf den Bauch scheinen zu lassen. Nur noch in Annehmlichkeiten zu verweilen, das hat schon so manchem Menschen gar nicht gutgetan, und Jutti merkte schnell, dass dies auch ihrem allgemeinen Wohlbefinden nicht zuträglich war. Sie könnte an chronischer Langeweile erkranken. Um dem entgegenzuwirken, baut sie Vogelhäuschen aus Schrott, die sie dann auf Festivals verlost. Bunte und verrückte Unikate. Leute kaufen für zwei Euro ein Los und wenn genug Lose verkauft sind, erfolgt die feierliche Ziehung des Gewinners. Der bekommt dann das Häuschen, das alle zusammen bezahlt haben. So haben viele fast ein Häuschen zum kleinen Preis gekauft, was wohl keiner zum tatsächlich angestrebten Preis gekauft hätte. Alle hofften auf das Schnäppchen, und Hoffnung, die ist gesund.

Außerdem verkauft sie Rebengel, nach einem alten Rezept ihres Vaters. „Das ist ein sehr umfassendes Naturheilmittel. Ich habe die Tradition von meinem Vater übernommen. Wir sind ja seit Generationen eine Winzerfamilie. Wenn im Frühjahr der Saft in den Rebstock schießt und man dann die Zweige schneidet, rinnt daraus eine große Menge Flüssigkeit hervor. Die sammele ich und stelle daraus Salben und Tinkturen her. Die helfen gegen Mückenstiche, aber auch gegen allerlei andere Hautreizungen und Allergien. Manche Menschen haben sogar Linderung und Heilung bei Arthrose und Gicht erfahren. Im Gästebuch meines Vaters gibt es sehr viele Dankesworte von Menschen, denen die Rebengel bei vielerlei Beschwerden geholfen haben."

Ähnlich wie die Vogelhäuschen oder das Freu-Orakel, kann man die Rebengel nicht einfach online bestellen. Jutti verachtet Handys und virtuelle Welten weitestgehend. Bei ihr gibt es alles direkt, von Hand zu Hand. Jegliche Werbung besteht aus mündlicher Überlieferung. Und das reicht ihr, sogar ohne Erbe.

Jutti scheint der sorgenfreiste Mensch der Welt zu sein. Scheinbar nichts kratzt an ihrer makellosen Glücksritterinnenschaft. Aber was ist, wenn sie mal nicht mehr so leben kann? Wenn sie alt und gebrechlich wird? Denkt sie überhaupt darüber nach? „Gar nicht. Ich tue stets das, was ich am besten kann: im Hier und Jetzt sein. Bis es rum ist, wenn es denn jemals rum ist."

Zwei kleine Mädchen wuseln um den Bus. Juttis kleine Freundinnen Lyra und Karla wollen zum Spielen kommen. Es wird Zeit, für mich zu gehen. Ich schütte den letzten Rest Tee hinunter, stecke mir noch eine Mirabelle in den Mund und dann rückt Jutti doch noch mit einem kleinen Wermutstropfen ihres Nomadenlebens heraus.

„Weißt du, in jüngerer Vergangenheit hab ich festgestellt, dass ich, da ich zwar immer wieder zu den gleichen Plätzen zurückkehre, aber nie dauerhaft dort bin, eine Art weißes Blatt Papier bin. Ich weiß nie wirklich etwas über die Hintergründe der dörflichen Strukturen. Wer der Bürgermeister ist, wer mit wem und warum im Klinsch liegt, wie alles zusammenhängt. Ich komme, ich bin da, rede mit allen und bin immer irgendwie neutral. Deshalb komme ich in gewisse Beziehungsprozesse gar nicht erst hinein. Wenn es mich irgendwo nervt, dann fahre ich woanders hin und hab es dort wieder schön. Aber ja, dabei geht eine gewisse Tiefe verloren, die man als ortstreuer Mensch zwangsläufig mitbekommt."

Wir umarmen uns lange und herzlich, dann bin ich raus und die Mädels fluten den Raum mit Lachen und Verspieltheit. Jutti kommt und geht und hat eine besondere, temporäre Funktion im sozialen Gefüge, denke ich mir, als weißes Blatt Papier, das in seiner Unbefangenheit eine besondere Qualität für die Menschen und Orte mit sich bringt. Sie kommt und bringt frischen Wind mit. Gleichzeitig bekommt sie ihn auch von den Plätzen wieder und transportiert ihn weiter. Gewissermaßen ein Frischluftkreislauf.

Auch mich verlockt es, als frei fahrender Künstler und Gärtner die Welt zu gestalten. Nach acht Jahren Platzgestaltung und Wurzelschlagen auf dem Reinighof meldet sich der alte Zwist des Bauern und des Nomaden in mir wieder zu Wort. Beides kann so schön sein, und beides hat seine Schwierigkeiten. Wurzeln schlagen, Bäume wachsen sehen, tagtägliche Beziehungen kultivieren. Dableiben, auch wenn mal nicht Friede, Freude, Eierkuchen serviert wird. Dadurch lerne ich unheimlich viel über mich selbst, muss immer wieder ein bisschen über mich hinauswachsen. Dabei gibt es immer so viel, um das sich gekümmert werden will. Alles, was ich pflanze, braucht mehr oder weniger Pflege. Alles, was ich baue, will erhalten werden. Viele Absprachen, viele Kompromisse. Würde ich nur im Bus leben, dann wäre alles so leicht überschaubar: Die Kiste muss laufen und ich hab nur das Zeug, was da reinpasst zu verwalten. Ich kann kommen und gehen, jederzeit. Ist es mir hier zu nass und kalt, finde ich bestimmt einen Platz, wo ich mir die Sonne auf den Bauch scheinen lassen kann. Die Lebenshaltungskosten sind so gering. Aber finde ich so jemals zu meinem Ruhepunkt? Oder sitze ich dann ständig nur auf gepacktem Koffer? Eine Zeit lang vielleicht wunderbar, aber auf Dauer? Beides kann schön sein und beides hat seinen Preis. Hier und jetzt hat jedenfalls erst mal der temporäre Nomade freie Fahrt. Paul ist gesattelt und Mio zu allem bereit.

SOMMER IN DEUTSCHLANDS PROVINZ

Durch die Hügellandschaft der Nordpfalz geht es nach Altenbamberg, wo ich mit Säge und Sense die Reisekasse noch etwas aufbessere. Nach zwei Tagen schweißtreibender Arbeit fahre ich weiter die Nahe entlang, nicht ohne einen erfrischenden Sprung hinein. Meine nächste Verabredung ist erst in drei Tagen und so kann ich mich treiben lassen – meine liebste Art der Fortbewegung. Es ist so wunderschön im Sommer in Deutschland! Eigentlich wollte ich dieses Frühjahr ja nach Rumänien reisen, aber dann kam Corona und alle mussten zu Hause bleiben. Wie gut! Man muss die Feste feiern, wie sie fallen, das Beste daraus machen. Und das tue ich gerade höchstvergnüglich.

Ich biege von der Landstraße ab und wandere mit Mio hinauf zur Klosterruine Disibodenberg. Hier hat Hildegard von Bingen, die Kräuterhexe im Nonnen-Dresscode, 35 Jahre lang gelebt. Heute wachsen zwischen den Mauerresten hohe Eschen und Eichen. Man muss kein Esoterikprofessor sein, um zu checken, dass hier ein wahrer Kraftort ist. Ich räuchere etwas Beifuß, den ich immer in der Tasche habe, weil das so schön qualmt und riecht. Dazu spiele ich auf meiner Steinflöte. Sofort reagiert eine Frauengruppe auf meine Locktiraden. „Du bist wohl nicht zum ersten Mal hier“, stellt die Anführerin fest. „Doch, eigentlich schon“, antworte ich. „Ja, vielleicht in diesem Leben …“, sagt sie geheimnisvoll und darauf weiß ich keine Antwort. Könnte ja sein. Vielleicht war ich Mönch? Oder Nonne? Das waren ja auch irgendwie Aussteiger aus dem normalen bäuerlichen oder adligen Leben, wie es früher war. Klöster waren ja auch schon Communitys, die nicht auf Blutsverwandtschaft beruhten.

Während die Frauen sich im Kreise versammeln, freue ich mich noch ein wenig dieses Ortes, um dann gut aufgeladen von dieser natürlichen Akku-Ladestation wieder in den Paul zu steigen. Es geht in den Hunsrück, bergauf und bergab. Bleifuß im dritten Gang bei Heavy Metalkonzert-Lautstärke im Cockpit. Ja, Paul ist ein lauter Vertreter seiner Art, das wird nach einer Weile anstrengend. Aber ich habe ja Zeit und bevor mein Kopf zu platzen droht, steige ich erneut aus und klettere auf einen Burgturm, von dem aus ich zurück zum Donnersberg und nach vorn zur Eifel blicken kann.

Hier in dieser Gegend ging einst der Schinderhannes um. Der war im 17. Jahrhundert ein sehr bekannter Spitzbube gewesen, ein Räuberhauptmann, über den viele Geschichten erzählt werden. Meist erscheint er in den mündlichen Überlieferungen als Freund und Held der armen Bevölkerung. Eine Art lokaler Robin Hood. Fast jedes Dorf weiß eine „wahre“ Geschichte, die sich genauso zugetragen haben soll. Mal hat er einen reichen Kaufmann ausgeraubt und einen Teil der Beute der armen Witwe mit den dreizehn Kindern geschenkt, mal hat er allein fünfzig Soldaten in die Irre geführt und mal hat er einfach einer alten Frau den schweren Korb voll Eier zum Markt getragen. Fakt ist: Der war auf jeden Fall ein Aussteiger! Ein Lumpenhund, ein Strauchdieb, ein Galgenvogel. Er brach mit allen Konventionen und tat, was ihm gefiel. Ihn mag ich mir gern als Idol erwählen – stünde da am Ende seiner Geschichte nicht der Galgen …

Mein Tag endet mit einem Abendessen im goldglühenden Gerstenfeld, Lerchen schwirren herum und es riecht nach Landluft und großer Freiheit.

Der nächste Tag hingegen rostet eher so vor sich hin. Der Himmel ist bedeckt und eine Prise Tristesse macht sich im Cockpit breit. Ich stottere nach Zell an der Mosel, parke dort neben dem Fluss, der träge wie meine Gedanken dahin kriecht. Hier war ich früher sehr oft, es ist das Urlaubsparadies meiner Kindheit. Meine Eltern konnten sich keine Flüge nach Spanien leisten, es hat sehr lange gedauert, bis ich das erste Mal das Meer sah. Aber der Fluss tat es auch. Nur 100 Kilometer weit weg von meinem Elternhaus in Rheinhessen war dies hier für mich ein fernes Land, welches anders roch und anders klang und natürlich auch ganz anders aussah. Ich hatte einen Freund, der Sohn der Pensionswirtin im Hause Edeltraud. Warum in die Ferne schweifen, wenn das Gute liegt so nah?

Mit etwas Wehmut sinniere ich vor mich hin, während ich über die Fußgängerbrücke auf die andere Seite der Mosel laufe, um mir dort zwei Flaschen *Zeller Schwarze Katz* zu kaufen. Nach ein paar Probierschlückchen für die Auswahl bin ich schon leicht beschwipst, was meinem allgemeinen körperlichgeistigen Zustand heute gar nicht zuträglich ist. Auch das Schaufenster der Wurst-Europameister-Metzgerei (ja, es gibt tatsächlich Wurst-Europameisterschaften!) stimmt mich nicht fröhlicher. Wieder zurück am Paul beschließe ich, doch weiterzufahren. Zum Übernachten im Camper – wie ich Paule niemals bei seiner Ehre bezeichnen würde – darf man hier nur auf kostenpflichtigen Wohnmobilstellplätzen stehen. Dort will ich aber nicht hin. Die Gebühr würde ich schon zahlen, aber mir ist das dort alles zu quadratisch und eng. Ich brauche Platz um mich herum, und so folge ich der Straße hinaus aus dem Moseltal, hinein in die Eifel. Als ich auf einem Schild *Elfengrotte* lese, biege ich ab und finde ein gutes Plätzchen im Wald zum Übernachten. Der Besuch der Grotte und die Gemüsesuppe, die ich mir anschließend mit dem guten Gemüse aus dem Reinighof-Garten koche, bringen mich wieder etwas zu Kräften.

Am nächsten Morgen bin ich dann schon um sechs Uhr wach und wandere einen wildromantischen Bach entlang zur Entesburg. Dort gibt es zwar nur noch ein baufälliges Aussichtstürmchen in Erinnerung an die komplett zerstörte Burg, dennoch ist es eine schöne Wanderung. Auf dem Rückweg wasche ich mich im Bach, um mir dann wohl erfrischt einen Kaffee in meine geliebte Blechtasse zu schütten und ein paar Lieder zu klampfen.

DIETER 'THREE EAGLE'

VOM COWBOY
ZUM INDIANER

„WANDEL IST NOTWENDIG, WIR SIND AUF DEM WEG."

Die Sonne wühlt sich durch die Wolken und reißt mich mit. Ich begebe mich wieder auf die gelb und grün gesäumten Landstraßen, reiselustig bis unters Dach. Am Pulvermaar, einem vollgelaufenen Vulkankrater, gibt es mal wieder eine kleine Erfrischung, bevor es dann bester Laune weiter über unzählige kleine Dörfchen mit Namen wie Stroheich oder Oberehe nach Üxheim geht, wo drei Kilometer außerhalb auf einem nach Norden abfallenden Hochplateau der Beuerhof liegt. Dort will ich Dieter „Three Eagle", den alten Häuptling dieses Platzes, treffen.

Die Tipis stehen erhaben auf den weitläufigen, rundum von Wald begrenzten Wiesen. In Senken, bei Bäumen und in versteckten Winkeln stehen aus rund gebogenen und dann verflochtenen Ästen kleine und größere Iglu-Gerippe: Es sind Schwitzhütten, in der Tradition der nordamerikanischen Lakotas erbaut. Auf dem Boden ist ein großes Medizinrad aus Steinen gelegt – ein Ort der Kraft, so wie es das ganze Anwesen ist. Eine tiefe Stille überkommt mich. Als ich mich auf einen Stein des Medizinrades setze und kurz darauf ein Bussard einem Adler gleich rufend über mir seine Kreise zieht, durchläuft mich ein heiliger Schauer.

Ich erinnere mich, als ich das erste Mal hier war, ein Freund hatte mir von dem Ort erzählt. Ich kam vorbei und wurde freundlich aufgenommen. Dieter lud mich und zwei weitere, mithelfende Menschen zu einer Schwitzhütte ein. Einfach so, nur wir vier. Es war am Nachmittag eines sehr heißen Tages. Wir deckten eines dieser Gebilde mit Decken ab, während gegenüber Steine auf einem Scheiterhaufen warteten, die Hitze des Feuers aufzunehmen. Dieter zündete ihn feierlich an. Als wir dann ums Feuer standen und sangen, donnerte es aus heiterem Himmel. Wolken eilten herbei und es fiel Regen. Wir sangen immer weiter, zwischen Feuer und Wasser. Als das Lied zu Ende war, stoppte auch der Regen wieder und genau über der Schwitzhütte, die dem berühmten Lakota Medizinmann Archie Fire Lame Deer gewidmet ist, leuchtete ein Regenbogen, wie in die Luft gemalt. Das mag für manchen, der solche Orte noch nicht erfahren hat, wundersam klingen – das war es auch. Doch Wundersames kann man am Beuerhof durchaus öfter erleben.

Ich laufe nach vorn zum Seminarhaus, wo eine Gruppe von Leuten im Kreis sitzt. Dahinter steht eine weitere Hütte, in der der Häuptling und seine Krieger sich zum Essen treffen. Mit Krieger meine ich die freiwilligen Helfer, die da sind, um für Kost und Logis den Platz zu unterstützen. Diesmal ist es ein junger Mann namens Sven und eine ältere Frau namens Sibylle, beide sind schon ein halbes Jahr hier. Sibylles Tochter Katharina ist zu Besuch gekommen, mit ihrem kleinen Sohn Jargo. Im Leben da draußen ist Katharina Redakteurin für DSDS und Dschungelcamp, hier erholt sie sich in einer eindeutig anderen Welt von dem Wahnsinn ihres Berufsalltages. Außerdem ist da noch ein etwa sechzigjähriger Paradiesvogel mit Filzbommeln in orangefarbener kurzer Hose, der im Lotussitz auf dem Tisch sitzt, sich von der Sonne bräunen lässt und Sven mit bayrischem Akzent zubrüllt, er solle mal Tabak mitbringen. Der interessiert mich sogleich von allen am meisten. Bevor ich mich ihm vorstellen kann, kommt der Häuptling auf seinem Donnerpferd angaloppiert. Er stellt sein schwarzes Quad, mit dem er über die Weiten seiner Jagdgründe zu ziehen pflegt, ab und begrüßt mich mit weit offenen Armen und ebensolchem Herzen. Ein fester Drücker. Ich freue mich sehr, Dieter wiederzusehen. Obwohl nun schon 82 Jahre alt, strahlt er nach wie vor eine große Kraft und Präsenz aus. Er fragt mich, wie ich die Corona-Krise bisher überstanden habe. „Ich hatte keine Krise", antworte ich wahrheitsgemäß. Leider kann der Beuerhof das nicht von sich sagen. Kein Seminarbetrieb über Monate, notwendiges Geld konnte nicht eingenommen werden. Jetzt ist da plötzlich ein Schuldenhaufen. Aber der Platz würde schon wieder einen Weg zeigen, meint Dieter zuversichtlich und lädt mich zum Essen ein. Es gibt Blumenkohl mit Curry und Nüssen und andere Improvisationen aus dem, was da ist. Überall ist Jockabimm mit drin, eine Geheimzutat, die es nur auf dem Beuerhof gibt. Mio entdeckt den Komposteimer, das Überraschungspaket für den Hund, und tut sich daran gütlich.

Der Paradiesvogel heißt Klaus und macht hervorragende Uhu-Geräusche am Tisch, womit er den Buben sehr zum Lachen bringt. Überhaupt genießt er sehr die allgemeine Aufmerksamkeit, und bin ich anfangs gerade deshalb noch etwas sparsam damit, schenke ich sie ihm wenig später dann doch gern – man bekommt schließlich auch etwas geboten dafür. Dann lerne ich noch Marc kennen, einen Endvierziger mit Bart und sanftmütiger Stimme, immer einen Jutebeutel umhängend, keine Ahnung, was da wohl drin ist. Er bekocht gerade die Seminargruppe, die irgendein Selbstfindungs-Persönlichkeitsprogramm absolviert. Marc ist Ayurveda-Spezialist und macht systemische Arbeit. Er ist ebenfalls schon seit Monaten hier und hofft, zusammen mit zwei Freunden den Beuerhof übernehmen zu dürfen, wenn Dieter sich in seinen Altersruhe-Wigwam zurückzieht, was er, so heißt es, gern bald tun möchte. Als Dorfältester würde er dann nur noch beratend zur Seite stehen, nicht aber mehr in der tagtäglichen Organisation stecken. Ein Generationenwechsel ist also angesagt. Auch hier liegt für die Jungen die altbekannte Schwierigkeit darin, in die breiten Fußstapfen des Alten zu treten, und dabei auch noch ihren eigenen Weg zu gehen. Und Dieter fällt es schwer, die Verantwortung, die er ja gern loswerden möchte, tatsächlich abzugeben. Mehrere Leute waren schon hier und sind wieder gegangen. Natürlich könnte Dieter den Platz gegen einen großen Batzen Geld eintauschen, sich fortan auf dem Büffelfell ausstrecken und sich die Sonne auf sein Bäuchlein scheinen lassen. Aber dann wäre er nicht mehr Dieter. Er begreift den Platz nicht als sein bloßes Eigentum, für ihn ist der Beuerhof ein eigenes Wesen. Er war nun lange der Hüter dieses Ortes, hat ihn geöffnet für viele Menschen. Nun will er diese Aufgabe an Menschen weitergeben, die sie in dienendem Bewusstsein erledigen sollen. Dienend dem Wesen Beuerhof.

Marc erzählt mir von seinen Ideen, wir sind uns schnell sehr vertraut. Ein neuer Zweig auf einem alten Baum steht vor dem Austrieb. Er setzt, neben den Finanzierungsgeschichten und dem Management des Ganzen, vor allem auf die Arbeit auf der zwischenmenschlichen Ebene. Wenn die mithilfe guter Kommunikation und systemischer Konfliktarbeit im Reinen ist, dann soll sie die Basis für alles Weitere sein. Er wünscht sich eine kleine Gemeinschaft, die etwas abseits des Gästetrubels wohnt, und dann vom Seminarbetrieb lebt. Das ist das Konzept so ungefähr jeder Gemeinschaft heutzutage und hierzulande, was vielerorts auch zu funktionieren scheint. Selbst organisiert er jährlich ein Festival, bei dem sich die schwule Öko- und New Age-Szene trifft und zusammen lebt, liebt und Luftschlösser baut. Mir gefallen seine Ideen für den Beuerhof. Ob er die großen Fußstapfen von Dieter nehmen kann oder hinein purzelt wie der junge Forscher in King Kongs, wird sich ohnehin erst im Ausprobieren herausstellen. Wie soll es mal werden? Zahlreiche Theorien und Spekulationen. Jeder denkt und keiner weiß. Bleibt nur der Realitätscheck in der Praxis, kein Weg führt daran vorbei. Wachsen oder Brechen an der Verantwortung. Wäre da nur nicht die Angst des alten Häuptlings, sie mit dem Verkauf endgültig abzugeben ...

Am nächsten Tag bin ich mit der Gartenschere im einstmals von mir angelegten Kräuter-Jahreskreis unterwegs. Mangels ansässigem Gärtner hat das Ganze eine besondere Eigendynamik gewonnen, welche ihm aber nicht schlecht zu Gesicht steht. Das Herzgespann dominiert, dazwischen Beifuß und Stockrosen. Sybille hilft mit und ich zeige ihr, welche Kräuter sie schneiden und trocknen kann, um einen Wintervorrat an Tee anzulegen. Melisse, Johanniskraut, Schafgarbe, etwas Minze, Gundermann und vieles mehr wird zu Sträußen gebunden, die sie dann drinnen unters Dach hängt. Dann ruft mich Dieter, er hat jetzt Zeit. Wir gehen in seine Hütte und ich freue mich auf seine Geschichten. Obwohl ich die meisten von ihnen schon mindestens dreimal gehört habe, höre ich sie immer wieder gern. Es ist wie mit meinen Lieblingskassetten von Benjamin Blümchen oder Flitze Feuerzahn früher: Jetzt kommt gleich die Stelle! Und dann die! Und die Stelle ist auch super! Während ich mich oft dabei ertappe, wie ich abschalte, wenn mir jemand auch nur ein zweites Mal das Gleiche erzählt, bin ich bei Dieter hellwach. Er ist einfach ein guter Erzähler, ein wahrer Storyteller.

DER FAMILIENLANDSITZ DES CAMEL-MAN UND DESSEN WUNDERSAME ERWECKUNG

Dieter ist seit 1967 Hüter des Platzes. Doch was das hier für ein Platz ist und was er zu hüten hat, das erfuhr er erst sehr viel später. Damals suchte er bloß einen Schrebergarten in der Eifel, um der Tristesse der Chemiestadt Köln-Wesseling zu entkommen. Er war Vater geworden und deshalb brauchte es ein ruhiges Örtchen im Grünen, wo die Schaukel stehen konnte. Dieter war gut im Geschäft. Ein findiger und tatkräftiger Bursche. Er hatte Schaufenster-Dekorateur gelernt, bei Kaufhof und Hertie - im Amazon-Dschungel versunkene Ruinen ehemaliger Konsumtempel. Mit 22 machte er sich dann selbstständig, fuhr auf seiner Vespa mit dem Werkzeugkoffer hintendrauf kleinere Geschäfte ab und richtete ihnen die Schaufenster ein. Daraus ging dann seine eigene Messebau-Firma hervor und aus dieser wiederum seine eigene Werbeagentur. „Nebenher wurde ich auch noch als Modell entdeckt. ‚Ich gehe meilenweit für eine Camelfilter.' Ich war der Mann mit dem Loch in der Sohle." Als Camel-Cowboy strahlte er im blauen Dunst von allen Plakatwänden. Und ein Modemagazin verlegte er noch zusätzlich. Doch all das waren nur Etappen zu seiner wahren Berufung.

„Verkaufe mein herrlich gelegenes Grundstück mit Aufbauten", stand im Kölner Stadtanzeiger. „Da merkte ich wie so oft im Leben: Wenn du eine Vision hast und ihr Kraft gibst, finden dich die Dinge, die du vielleicht vorher nicht für möglich gehalten hast."

Dieter rief an und der Bürgermeister von Üxheim nahm ab. Er habe für den alten Ludwig Schütz die Aufgabe übernommen, sein Grundstück zu verkaufen, weil es, wo der wohnt, kein Telefon gäbe.

Bald darauf fuhr ein Auto mit Kölner Kennzeichen über die maroden Straßen eines bäuerlichen Dorfes, wo es noch vor fast jedem Haus einen Misthaufen gab und man mehr Kühe zu Gesicht bekam als Menschen. In der Bäckerei fragte der Fremde nach dem Weg. Die Verkäuferin fragte ihn gleich: „Sind sie der, der den Beuerhof kaufen will? Also mich kriegen da keine zehn Pferde hin. Dort wohnt ein unheimlicher Mann. Und es spukt da!“ Es hatte sich bereits im Dorf herumgesprochen. Dieter fuhr natürlich trotzdem hin und fand: „Einen Steinhaufen mit Dach drauf. Und das war auch noch undicht.“ Dort hauste in den einzigen zwei bewohnbaren Räumen der alte verschrobene Ludwig. „Ein durchgeknallter Esoteriker, der von Astralreisen sprach und Begegnungen mit der anderen Welt“, dachte der Dieter von früher. Mit der Zeit aber erkannte er in dem alten Ludwig jedoch eine Seele von Mensch, die sehr wissend war. Außerdem schien er hellsichtig zu sein. Er sagte die Ölkrise von 1973 und auch das Attentat während der Olympiade in München voraus. Ludwig war zu gebrechlich geworden, um weiter allein so weit draußen zu leben. Obwohl er auch Angebote von Leuten hatte, die deutlich mehr Geld boten, wollte er unbedingt an Dieter verkaufen. „Du bist genau der Typ, der diesen Platz hier in die Zukunft führen kann.“

Für 18.000 Mark kaufte Dieter das marode Haus, mit 3.000 qm Grundstück. Das ganze Umland kaufte er dann über die Jahre nach und nach dazu. Heute sind es 12 Hektar. Damals gab es kein fließendes Wasser, keinen Strom und auch kein Telefon. Dafür jede Menge Arbeit.

„Es war mit die schönste Zeit! Was Eigenes zu besitzen und die Vision, daraus was Schönes zu machen.“ Es wurde der Familienlandsitz. Alle lebten und arbeiteten in Köln, doch in der Freizeit ging es raus in die Eifel. Oma und Opa waren die meiste Zeit da und sie kochten, wenn zum Wochenende alle zusammenkamen, um zu bauen. So wuchs die Ruine zu einem Anwesen heran, zu dem zeitweise ein Dutzend Pferde gehörte. Beruflich lief es gut für Dieter. Doch alles hat seine Zeit.

Irgendwann waren Oma und Opa tot, die Kinder aus dem Haus und die Ehe geschieden. Dieter stand allein da mit seinem Anwesen, das doch immer der Familiensitz gewesen war. Er sagte zu sich: „Es war eine schöne Zeit, und sie ist nun vorbei. Schau mal, ob du den Hof gut verkauft kriegst, um dann mit dem Geld was anderes zu machen.“ Er beauftragte einen Makler und der fand einen holländischen Pferdezüchter. Es wurde ein Vorvertrag gemacht. Am darauffolgenden Samstag sollte der Holländer zum Vertragsabschluss kommen. Am gleichen Tag noch rief allerdings ein Freund an und merkwürdige Umstände begannen ihren Lauf zu nehmen.

„Wir wollen im Westerwald ein Indianer-Seminar abhalten, dürfen aber kein Feuer machen. Das funktioniert so nicht. Können wir zu dir kommen? Du hast doch Platz. Wir kämen morgen, von Sonntag bis Samstag. Du kannst auch gern bei einer Schwitzhütte mitmachen." Dieter dachte sich: „Na gut. Freitag ist sowieso mein Saunatag."

An jenem bemerkenswerten Freitag zog dann nachmittags ein heftiges Unwetter auf, mit Kugelblitz, Hagel und Sturm. „Wird wohl nichts mit der Schwitzhütte, dafür braucht es doch ein Feuer", dachte Dieter. Doch dann wurde er gerufen, nahm sein Handtuch unter den Arm und zog los. Ohne irgendeine Einweisung schob man ihn in die Schwitzhütte. „Es war, als würde eine Tür hinter mir zugezogen und eine andere aufgemacht."
Ein Leuchten des Wunderns zieht durch Dieters Augen.

„Ich hab die ganze Zeremonie nicht wirklich wahrgenommen. Ich war wie in Trance, konnte mich nachher an kaum etwas erinnern. Vier Runden mit 48 glühenden Steinen, die nach und nach hereingebracht und in die Mitte gelegt wurden. Von all dem blieben mir nur die indianischen Gesänge im Gedächtnis. Ich weiß auch bis heute nicht, wie ich da rausgekommen bin. Am nächsten Morgen wachte ich um sechs in meinem Bett auf und dachte sofort: Um 11 Uhr kommt der Makler!" Dieter lächelt. „Ich habe dann alle zwanzig Minuten angerufen. Um neun hab ich ihn dann erwischt, um ihm zu sagen: Ich verkaufe nicht!"

DIENER UND HÜTER EINES HEILIGEN ORTES

Drei Wochen später kam der Lakota-Indianer Archie Fire Lame Deer an den Beuerhof. Er wurde Dieters Lehrer. Archie war einer von acht Indianern, die 1987 vom Ältestenrat der Stämme nach Europa geschickt worden waren. Die Ältesten hatten erkannt, dass, wenn sie sich weiter einigelten, in 100 Jahren wohl keiner mehr wisse, dass sie überhaupt existiert hatten. Die acht Auserwählten wurden nach Europa gesandt, um dort die Traditionen des roten Weges den Weißen zu vermitteln. Sun Bear, Black Elk, Rainbow Hawk und die anderen brachten ihre traditionellen Werte über das große Wasser. Archie Fire Lame Deer landete zunächst bei Erich Honecker. Der rollte dem „armen, vom Klassenfeind geschundenen Indianer“ den roten Teppich aus. Der Lakota baute dann mithilfe einiger Anwohner entlang der Zonengrenze achtzehn Schwitzhüttenplätze auf. Drei Jahre später war die Mauer dahingeschmolzen und Archie kam zum ersten Mal zum Beuerhof. „Mein Leben hatte eine ganz andere Richtung eingeschlagen, als ich es mir jemals hätte träumen lassen. Es war der Beginn der Erweckung des Platzes in seiner Spiritualität, und auch die Erweckung in meine eigene. Zehn Jahre durfte ich mit Archie arbeiten und lernen. Doch die Indianer lehren nicht so wie wir es tun. Die Lakota haben kein Wort für ‚Warum‘. Sie machen nur vor. Du hast die Möglichkeit hinzugucken und mitzumachen.“ Archie sagte immer wieder zu Dieter: „Du wirst es selbst herausfinden. Nur dann hast du es in deiner Seele.“

„Heutzutage gibt es viele ‚Wochenend-Schamanen‘, die Weiterbildungsseminare besuchen und ein paar Bücher gelesen haben. Sie bekommen ein Zertifikat und glauben dann, dass zu sein, was auf dem Papier steht. Es ist typisch für unseren Zeitgeist. Doch oft ist dieses Wissen nicht im Einklang mit der Seele, die Leute tun etwas, was sie nicht sind. Ich habe fünf Jahre bei Archie die Steine heiß gemacht, war der Feuermann. Erst dann leitete ich meine erste Schwitzhütte, in der Rolle des Wassergießers.“

Es kam so, weil Archie krank geworden war. Ein anderer sollte ihn vertreten, doch der kam nicht. Da sagte er zu Dieter: „Now it‘s your turn!“ Der aber wurde nervös. Er machte sich einen Notizzettel, worauf stand, wann welches Lied gesungen wurde und was in welcher Runde geschehen sollte. Er steckte ihn sich in die Tasche und lief aufgeregt zum Schwitzhüttenplatz hinunter. Beim Entkleiden wollte er noch mal einen Blick darauf werfen, doch der Zettel war verschwunden. „Da verstand ich, dass der Wasseraufgießer durchlässig sein muss für die Eingebungen, die kommen. Es ist ein unsichtbarer Platz, wo es nicht um das Ego geht. Und auch nicht um das, was man sich auf den Zettel schreibt. Man ist nichts als ein Kanal. Die Hütte wurde kraftvoll und schön."

Dieter reiste in die Vereinigten Staaten, um am traditionellen Sonnentanz teilzunehmen. Vier Tage wird dabei um einen Pfahl getanzt. Die Tänzer sind mit einem Seil mit ihm verbunden. Spitze Holznadeln werden ihnen durch den Brustmuskel gestoßen, an denen das Ende des Seiles befestigt ist. Unter unaufhörlichem Trommeln tanzen sie sich in Trance, um Visionen zu erhalten. Am Ende der Zeremonie gehen sie auf Zug, bis die Holznadeln aus der Brust reißen. Dieter bekam dort seinen Lakota Namen Three Eagle. Mehr und mehr verstand er, dass er 23 Jahre diesen Platz aufgebaut hatte, um ihn nun ganz anderen Dingen zu widmen. Alles war nur Vorbereitung auf seine eigentliche Lebensaufgabe gewesen. Doch was der Beuerhof wirklich für ein Ort ist, wusste er selbst da noch immer nicht.

Eines Tages klopfte ein Professor von der Uni Bonn an die Tür: „Tschuldigung, wenn ich störe. Ich möchte mal euren Keltenplatz besuchen." „Keltenplatz? So was haben wir nicht. Wir haben nur ein indianisches Medizinrad." „Doch, ihr habt einen Keltenplatz!", bestand der Professor und kramte alte Landkarten und Blätter aus seiner Tasche. Er deutete auf den kreisrunden Platz auf der kleinen, von Wald umgebenen Hügelkuppe, über den Dieter sich schon immer gewundert hatte. Also hatten unsere Vorfahren, die alten Stämme Europas, schon um die besondere Kraft dieses Ortes gewusst. Etwas später hatten dann auch die Römer hier eine Pferdewechselstation gehabt. Im Keller sind noch Mauern aus dieser Zeit zu sehen. „Sie rasteten, tankten auf. So wie heute die Leute auch hierherkommen, um die Pferde zu wechseln. Sie kommen, um Altes abzulegen und mit neuer Kraft und Inspiration wieder weiterzuziehen, um neue Wege zu beschreiten. Nur ich bin all die Jahre geblieben, als Hüter, als Diener dieses Ortes." Dieter begreift den Beuerhof als ein eigenes Wesen, das gesehen werden will. Das unterstützt, wenn man mit ihm in Verbindung tritt. Das sich selbst und die Menschen, die mit ihm in Berührung kommen, stets weiterentwickelt. Mittlerweile kommen auch große Unternehmen wie Lufthansa oder Telekom hierher, um Seminare abzuhalten. Sie gehen in die Schwitzhütte, um sich als Team zusammenzuschweißen. Sie gehen mit in den Wald, mit in den Garten, bekommen Erde an die Hände. Bodenkontakt. „Manche dieser Leute wollen Einzelzimmer mit Dusche. Das gibt es hier nicht, sie müssen ihren Raum mit anderen teilen. Hinterher sind meist alle begeistert und tief berührt. Es ist wichtig, gerade auch diese Leute zu erreichen, die in ihrem Job oft so weit weg von der Erde und der puren Menschlichkeit sind."

Woher nimmt dieser Mann nur seine Kraft? Seine Zuversicht? Im gleichen Moment, in dem ich mich das frage, weiß ich es längst: Er lebt seine Berufung, verwirklicht seine Aufgabe auf dieser Welt. Er dient einem höheren, überpersönlichen Ansinnen. Mehr als wie ein Adler, wirkt er auf mich wie ein Büffel, der unbeirrbar seinen Weg über die Prärie geht, einfach, weil der Weg ihn trägt. Den Horizont vor den Augen und mit jedem Schritt bereits am Ziel. Nach einem stillen Moment sagt Dieter Scholz: „Jetzt bin ich mittlerweile über achtzig Jahre alt. Das merke ich. Psychisch mehr als physisch. Ich bin nicht mehr so belastbar."

Sein Herzenswunsch ist es nun, dass der Beuerhof im guten Sinne weiterleben soll. Nicht als bloßes Privateigentum, sondern offen für Menschen, die hier etwas über sich erfahren wollen. Er möchte aussteigen. Diesmal aus seiner Rolle als allverantwortlicher Entscheidungsträger. Gern als weiser Alter, den man um Rat fragen darf. Und weiter will er Menschen auf dem Weg durch die Schwitzhütte begleiten, durch diesen heißen Ort der Transformation, des Loslassens und der Heilung, wo nicht nur Schweiß vergossen wird, sondern auch Tränen. Wo Grenzen erfahren und überwunden werden. Wo man an den Punkt kommt, an dem man glaubt, man kann nicht mehr weitergehen. ‚Ich kriege keine Luft mehr. Vielleicht muss ich sterben.' Doch dann sagt Three Eagle: „In der Schwitzhütte ist noch keiner gestorben. Aber viele sind schon gesund geworden. Und ja, es ist heiß. Es ist sehr heiß. Doch mancher Moment da draußen in eurem Leben wird noch viel heißer sein."

Der alte Büffel folgt weiter der Kraft seiner Vision. Er will sich alsbald ein Erdhaus bauen und sich von dort aus ganz der Begleitung der Menschen hin und zurück zu sich selbst und zur Natur widmen. Die ewigen Jagdgründe scheinen noch fern. „Wir am Beuerhof wollen Botschafter des Wandels sein. Wir gehen mit ganz großen Schritten auf eine neue Welt zu. Es wird vielleicht noch einiges Unschönes geschehen bis dorthin. Wandel ist notwendig, wir sind auf dem Weg. Ein alter Hopi-Indianer sagte einmal zu mir: ‚Die Welt ist auf dem Weg zur Zusammenführung. Die kritische Masse muss erreicht werden, von Menschen, die für den Wandel bereit sind.'"

KLAUS, DER TUBIST

BARFUß
IN DIE TAIGA

„FREIHEIT
IST DIE
ABWESENHEIT
VON ANGST."

Am nächsten Morgen bin ich topfit und früh auf, obwohl es ein langer Abend am Lagerfeuer war. Ich habe alle Beuerhof-Leute meine selbst gemachten Kräuterliköre, mit viel Kräuter und wenig Zucker, probieren lassen. Dann haben wir Musik gemacht. Zu meiner Gitarre spielte Dieter abwechselnd Mundharmonika und Akkordeon, während Klaus sehr experimentell mit seiner Melodica brillierte. Am unterhaltsamsten allerdings waren die Diskussionen der beiden, wer denn nun zur Gitarre richtig intonierte und wer nur schräg dazwischen pfiff. Klaus ließ sich das nicht lange gefallen, denn er sei ja schließlich der Tubist des Turiner Radiophilharmonieorchesters gewesen und habe überall auf der Welt Konzerte mit seiner Tuba gegeben. Buenos Aires, Vietnam, Mongolei, Russland ...

Russland. Ja, da wollte er eigentlich hin, bis er wegen der coronalen Umstände auf dem Beuerhof landete. Er kam auch von dort, war hier, um ein neues Visum zu beantragen, und als er es endlich hatte, waren die Grenzen dicht. Eine Freundin schickte ihn auf den Beuerhof. Da war er nun und gerade ging es ihm hier so gut, dass er es auch gar nicht eilig hatte, wieder weiterzuziehen. „Ich lebe nur noch im Hier und Jetzt. Was anderes kann ich auch gar nicht mehr." Klaus sagt, er sei schon immer renitent gewesen. „Ich flog vor dem Abi aus der Schule wegen gezielter Beleidigung eines Lehrkörpers. Ab da habe ich einfach gemacht, was ich wollte. Ich fing an, Tuba zu spielen."

Zwei Jahre später schon nahm er mit dem Dirigenten Sir Georg Scholti und dem Orchester des bayrischen Rundfunks die Alpensymphonie auf. Bald darauf kaufte ihn das Orchester des Saarländischen Rundfunks ein. Währenddessen studierte er Musik in München, auch ohne Abi. Er setzte sich in einer Aufnahmeprüfung gegen 40 Konkurrenten durch. Das Saarland war dann bald wieder gegessen – Rauswurf wegen Störung des Betriebsfriedens –, aber das machte ihm nicht viel aus. Mit seinem alten Mercedes fuhr er kreuz und quer und fand immer wieder Orte und Menschen, die ihn einluden, zum Leben und zum Musizieren. Klaus war anders und er polarisierte. Aber er war zu gut in seinem Anderssein, zu charakterstark, als dass sein Talent irgendwo hätte versanden können. Er spielte auf der ganzen Welt mit Orchestern oder auch als Solist, arbeitete mit Dirigenten wie Seiji Ozawa oder Leonard Bernstein zusammen. Er fiel auf im schwarz-weiß gestrichenen Orchester. Er war der Farbtupfer.

Nachdem er 1984 in die DDR ausgewandert war, um dort in einer Free Jazz Big Band zu spielen, zog er ein Jahr später als Einsiedler ins Piemont am Berg Monte Viso, wo der Po entspringt. Für einen Freund renovierte er dort ein Häuschen und fand in der Natur zu einer tiefen Erdverbundenheit. Seither ist er nur noch barfuß unterwegs, für den besseren Kontakt nach unten.

Als freischaffender Musiker wurde er für 25 Jahre in Baden-Baden sesshaft. Er heiratete, wurde zweimal Vater und ließ sich scheiden. Beruflich lief es immer gut und er hätte bis ans Ende seiner Tage weiter der Exot im schicken Städtchen Baden-Baden bleiben können. „Den Schwarzwald habe ich immer gemocht, die Natur um die Stadt ist großartig. Aber irgendwann fiel mir auf, dass es mir zwischen den miesepetrigen Reichen und den noch miesepetrigeren Neidern der Reichen nicht mehr gut ging. Ich habe die Leute dort immer schon polarisiert mit meinem für sie exotischen Lebensstil. Vielleicht habe ich ihnen auch unbewusst gespiegelt, dass bei ihnen irgendwas nicht so stimmig war in ihrem äußerlich so gut aufgeräumten Leben."

Er bläst ein paar Rauchwölkchen in die Luft, die in eleganter Manier nach Osten driften. „Irgendwann hat das Universum zu mir gesagt: Komm, lass alles hinter dir, gebe alles her und gehe nackt über die Schwelle in ein neues Leben. Und das habe ich dann auch gemacht. Deshalb kam ich in die Taiga und deshalb bin ich jetzt gerade hier."

KULINARISCHES NAHTODERLEBNIS ALS LETZTES WACHRÜTTELN

Am nächsten Tag besuche ich ihn auf seiner Baustelle. Er renoviert gerade einen Wohnwagen, der an Gäste des Beuerhofs vermietet werden soll.

Wir verabreden uns zum Kaffee auf der Veranda. Im blauen Julihimmel kreisen die Bussarde über den Tipis. Klaus erzählt gern von sich und aus seinem Leben. Ruhig, sanftmütig und zynisch hier und da. Sein Gesicht dabei fasziniert mich: Viele Rillen und Falten zeichnen die braune Haut, wie geheimnisvolle Hieroglyphen einer nativen Symbolsprache, die man nicht lesen, höchstens deuten kann. „Meistens geht man nicht einfach so, wenn einem das Universum leise etwas zuflüstert. Es verteilt dann ein paar sanfte Arschtritte. Bei mir geschah das 2012."

Plötzlich konnte er nicht mehr richtig Tuba spielen, seine Lippenspannung war dahin. Das reichte allerdings noch nicht aus, es brauchte noch ein besonderes Nahtoderlebnis der kulinarischen Art ... Dazu hatte Klaus seinen Freund, einen Kunstprofessor im Ruhestand, und dessen Frau eingeladen. Vor Jahren schon, noch während der Zeit beim Turiner Symphonieorchester, hatte ihn ein Koch schwer beeindruckt. Er war Fan von Klaus und wollte ihm etwas vorsetzen, was dieser sicher noch nie zuvor im Leben gegessen hätte: weiße Trüffel mit weißem Pfeffer, auf Nestern aus Brennnesseln und Primelblättern, blanchiert und gratiniert. „Das war ziemlich klasse!" Beim Radfahren durch die Wälder sah Klaus immer wieder die Blattrosetten der ‚Primeln' und sagte ihnen: „Irgendwann habe ich noch mal die Ehre, euch zu essen!" Er war Musiker, kein Botaniker ...

Eines Tages war es dann so weit. Klaus erntete und kochte wie für Könige. Weiße Trüffel mit weißem Pfeffer, auf Nestern aus Brennnesseln und vermeintlichen Primelblättern, blanchiert, dann gratiniert. Und es war tatsächlich sehr lecker. Die Gäste schleckten sich die Finger, leerten die Gläser und fuhren mit einem hochtoxischen Inhalt in den bis dato noch sehr zufriedenen Bäuchen nach Hause. Kaum waren sie weg, da wurde Klaus ein wenig übel. Dann immer mehr und schlussendlich richtig schlecht und noch viel schlechter. Gegen Morgen rief er den Notarzt. Die Verfügbarkeit im norditalienischen Gesundheitswesen ist seit dem Corona-Spätwinter 2020 ja bekannt aus Funk und Fernsehen. Erst gegen 12 Uhr mittags traf der Krankenwagen ein. Klaus lag bewegungsunfähig am Boden, sein Herz pumpte noch 22 Schläge die Minute. Intensivstation. „Beeilt euch bitte, ich habe morgen Probe!", hauchte Klaus noch, bevor ihm der Arzt die Sauerstoffmaske überstülpte. Sechs Tage blieb er auf der Intensivstation, mit der zehnfach tödlichen Menge Glykosid im Blut. Weiße Trüffel mit weißem Pfeffer, auf Nestern aus Brennnesseln und Fingerhutblättern, Digitalis purpurea, blanchiert und gratiniert. Ein einmaliges kulinarisches Nahtoderlebnis.

Der Chefarzt der Herzklinik ließ sich noch mit ihm fotografieren, denn es war eine medizinische Sensation, dass der Patient noch lebte! Nach nur einem Tag auf der normalen Station verließ Klaus gegen das Anraten der Ärzte frühzeitig das Krankenhaus, einfach weil er keinen Bock mehr darauf hatte. Der Professor und seine Frau hatten ebenfalls knapp überlebt. Am 5. Jahrestag ihres Fast-Ablebens trafen sich alle drei wieder zum Essen, diesmal beim Italiener.

„Und danach wollte ich nach Russland." Fünf Jahre zuvor war er zum ersten Mal in Russland gewesen, für ein Konzert in Perm, einer Plattenbaustadt im Ural, 1.400 Kilometer entfernt von Moskau. „Die Stadt war hässlich, aber die Menschen waren schön. Die waren einfach gut drauf." Irgendetwas ging da in Resonanz. Finanziert vom Goethe-Institut machte Klaus fortan immer wieder Projekte in Perm. Kino für die Ohren mit Kindern im Krebskrankenhaus und mit jugendlichen Straftätern im Knast. Er kam dort gut an. Nach einem Konzert vor Tausenden von Leuten auf einem öffentlichen Platz schwenkten viele Menschen russische und deutsche Fahnen. Es war der Tag der deutschen Kapitulation im 2. Weltkrieg.

„Dann kamen viele der alten Soldaten weinend zu mir und dankten Gott dafür, dass wir jetzt Brüder sind. So eine Herzensgröße! Die waren irgendwie so echt! Erstaunlich fand ich auch, dass den Leuten der Taiga die hierzulande so stark ausgeprägte Schadenfreude fehlt. Tom und Jerry oder auch Dick und Doof verstehen die einfach nicht. ‚Warum soll das lustig sein, wenn dem armen Mann das Klavier auf den Fuß fällt?', fragten sie mich."

Wenn Klaus barfuß durch die Stadt läuft, lassen sich die Menschen mit ihm fotografieren, bewundern ihn. Fast wie einen heiligen Mann. Der Pope, ein hohes Tier in der russisch-orthodoxen Kirche, filmte ihn durch seinen Riesenbart mit dem Smartphone beim Didgeridoo spielen. Und der Oberschamane der Utmoten, einem teilautonomen Volksstamm, lud ihn zu sich nach Hause in die utmotischen Wälder ein. Dort gibt es indigene Traditionen, die den Kommunismus überlebt haben. Die Menschen dort leben ihre Naturreligion, sie springen zur Sonnenwende über das Feuer, Hunderte von Leuten. Alkohol gibt es keinen, stattdessen in den Wäldern gesammelte Zauberpilze. „Heil den Ahnen, rufen sie. Die jungen Kerle springen zwei Meter über das Feuer und an der schmalen Stelle steigen die alten Omis noch darüber. Später laufen die Leute dann über die Glut. Ganz ohne Wochenendseminar für 500 Euro, wie es das hierzulande gibt."

Eines Abends stand Klaus mit seinem Freund, dem Theaterdirektor von Perm, auf dem Balkon und rauchte. Der Direktor fragte ihn: „Warum kommst du denn nicht ganz hierher?" „Da machte es Knacks bei mir im Herzen." „This is revolution!", rief sein Freund und klopfte ihm auf die Schultern. Seither verbringt Klaus mehr Zeit in Russland als in Deutschland. Vor allem für die Winter nutzt er seine jeweils drei Monate geltenden Visa. Dann wohnt er in Lubimova, einem Dörfchen von etwa fünfzehn verstreuten Häusern, die entlang einer Straße liegen. Zwischen jedem Haus sind Hunderte Meter Platz. Im Winter wohnen nur drei Familien dort. Jeden Abend, der im Winter dort im Norden sehr lang ist, geht er 10 bis 20 Kilometer die Straße entlang. In den traditionellen russischen Filzstiefeln gibt es niemals kalte Füße. Es gibt kein Links und kein Rechts, weil man abseits der Straße bis zum Bauchnabel in den Schnee einsinken würde. Es geht nur geradeaus. „Es ist wie im Palast einer Eiskönigin: solche Erhabenheit. Die Formgebungskräfte treten hervor. Die Bäume haben Augen und prüfen die Seele und die Kälte macht das Denken sauber."

Die Stimme von Klaus verändert sich, seine ganze Ausstrahlung. Tiefe Seelenruhe geht von ihm aus. Es scheint, durch seine Erzählung und sein Erinnern an diese Momente im sibirischen Winter aktiviert sich sein Bewusstseinszustand aus jenen Augenblicken der langen, schwarz und weiß gezauberten Nächte. „Der Schnee ist nicht weiß. Nicht nur Der changiert zwischen Rosa und Türkis; je nachdem wie die Sonne und das

Mondlicht darauf fallen. Bei Tiefdruck wird der Schnee gelblicher, bei Hochdruck bläulicher. Und das Geräusch meiner Schritte verrät mir, wie kalt es ist. Bei minus 35 Grad und kälter wird es laut im Wald. Dann knarzen die Bäume und manchmal knallt es ohrenbetäubend laut, wenn der Frost sie sprengt."

Er geht diese Wege, auch um mit der Einsamkeit zurechtzukommen. In dieser Zeit trinkt er keinen Alkohol. Die Gefahr, abhängig zu werden, ist dann groß, wie er beobachten konnte. Man muss wirklich gut mit sich selbst klarkommen, um diese lange, lichtarme Zeit zu überstehen. Und wenn man dies vermag, dann erntet man die Schätze des Winters. Zum Beispiel den sagenumwobenen Kackstalagtiten ...

Einer der täglichen Gänge ist der aufs Plumpsklo. Dort verweilt man nicht länger als nötig und bringt die Wurst so schnell wie möglich auf den Weg. Durch die klirrende Kälte erstarrt sie fast noch im Fluge zu Eis. Über die Wochen, so berichtet Klaus nicht ohne Stolz, entstand so ein gigantischer Kackstalagtit, der säulenartig wie ein bodenständiger Tropfstein in einer Kalkhöhle nach oben wuchs. Das war eine seiner kleinen Freuden der Einsiedelei. Was aber, wenn Damenbesuch sich ankündigt? Eine Freundin wollte ihn in seiner Eremitage besuchen kommen. Sollte er diesen über Wochen entstandenen Kunstschiss ihr zuliebe fällen? Oder würde sie vielleicht auch die Schönheit des ewigen Eises in ihm entdecken? Er lacht und lässt mich nicht wissen, für was er sich entschieden hat.

Zur täglichen Arbeit gehört neben dem Schneeschaufeln auch die Wasserversorgung. Zweihundert Meter sind es bis zum kleinen Fluss, wo immer wieder das Loch im Eis freigehauen werden muss. Das dauert jeweils eine halbe Stunde, wenn man geübt ist. Dann schleppt er die Kanister hinauf zum Haus. Auf dem Ofen aus gestampftem Lehm steht ein 12-Liter-Eimer, in dem das Wasser warm gemacht wird. „Es ist eine kreative Aufgabe, das warme Wasser mehrfach und effizient zu nutzen. Das hat Lebensqualität. Den Wasserhahn auf- und zudrehen kann jeder. Um später dann die Wasserrechnung zu bezahlen, indem man seinen Arsch eine Stunde lang auf den Bürostuhl presst. Wie abstrakt das doch alles ist. Die unmittelbaren Zusammenhänge und damit auch die Wertschätzung gehen dabei verloren." Als sein 33-jähriger Sohn zu Besuch war, ein großer Fan von Survival-TV-Sendungen und mit einer umfassenden Messersammlung ausgerüstet, schickte Klaus ihn zum Wasserholen. Zweimal lief er mit dem Joch und zwei Eimern zum Eisloch und zurück. Dann hatte er keinen Bock mehr auf das sibirische Landleben. Warum tut sein Vater sich das an?

„Viele Menschen können nicht erkennen, worin die Qualität im Verzicht auf Komfort liegt. Und ich verstehe, dass sie das nicht verstehen können. Auch manche Russen wundern sich, warum ‚der Deutsche' hier in die Wildnis kommt. Die einen, die Stadtleute aus Perm, weil in Deutschland doch alles viel schöner und reicher und bequemer ist, die anderen, die Landleute, weil man doch nicht einfach seine Heimat verlassen kann. Weil dort doch die Wurzeln liegen. Und weil dort die Ahnen sind und die Familie." Doch Klaus spricht von einer „spirituellen Heimat", die er im Ural gefunden habe. „Es ist das raue Land und seine warmherzigen Menschen - die so sind, wie sie sind", versichert er mir.

„Der Deutsche steht irgendwo und guckt, wie er gern wär. Der eine will sportlich sein, der andere gefährlich. Einer macht auf intellektuell, der andere will eine Frau sein und wieder ein anderer ein Punk. Ein Image wird aufgebaut, gehegt und gepflegt. Der Russe ist er selbst. Fertig."

Tja, da hab ich sie dann ganz unversehens doch gefunden, meine Trapperstory. Ein Mann allein im Schnee, um ihn her Bären, Wölfe und Vielfraße. Lag früher die große Freiheit für die Europäer im weiten Westen, so hat sich das Ganze wohl jetzt nach Osten verschoben.

Klaus wähnt sich eindeutig im gelobten Land angekommen, auch wenn er hier gerade auf dem Beuerhof festsitzt und sich auch vorstellen kann, dass er für immer hierbleibt. Der Ort tut ihm gut. Ob in Russland der Schnee wirklich so glänzt, wie Klaus erzählt, weiß ich nicht. Doch eines glaube ich ihm ganz gewiss: Dass er voll und ganz da ist, wo er ist. Dass er ein lebenslanges Abo für das Hier und Jetzt erworben hat, indem er nackt über die Schwelle trat. Wie auch immer Klaus' Weg von hier aus weitergehen wird, er wird nicht langweilig werden, das ist so sicher wie das Ahoo in der Schwitzhütte.

Erfüllt von den Geschichten und Begegnungen an diesem Ort der Kraft laufe ich über die Wiesen, versprühe hier und da ein paar Tonkaskaden auf meiner Steinflöte und sehe in den Wolken einen Indianerkopf mit markanter Adlernase vorbeiziehen. „Grüß Gott, großer Geist!", flüstere ich. „Und danke, dass du so schöne verrückte Menschen in den tristen Wahnsinn der Normalität gestreut hast." Die Welt könnte eine bessere sein, wenn lebensgereifte Menschen wie Dieter und Klaus in der Politik wären. Menschlicher, wesentlicher, natürlicher. Sie würden weniger denken und mehr fühlen. Sie würden keine Brillen aufsetzen und doch weiter schauen, als bis zur nächsten Ecke der eigenen beruflichen Biografie. Aber wenn Dieter und Klaus in der Politik wären, dann wären sie auch nicht Dieter und Klaus. Wahrscheinlich tun sie der Welt den größeren Gefallen, dass sie genau da sind, wo sie sind. Und genau da, wo ich gerade bin, fühle ich mich richtig wohl und zufrieden.

Kurz vor meiner Abreise lausche ich noch einem Gespräch von Marc mit dem alten Hasen Norbert, einem langjährigen Freund des Beuerhofes. Sein breites Gesicht mit den hellblauen Augen wird von leuchtend weißem Haar umrahmt, das ihm bis über die Ohren fällt. Seine Klamotten sind schwarz und er erinnert mich an einen kantigen Privatdetektiv aus einer Fernsehserie. Seine Stimme ist tief wie ein Brunnen, er nutzt sie langsam und bedächtig. Man hört zu und quatscht nicht rein. Natürliche Autorität ist am Start. Außerdem hat er Kuchen mitgebracht. Früher war er Unternehmensberater und Coach. Er wusste, wie der Hase über den freien Markt läuft und wo die dicksten Möhrchen versteckt sind, schließlich hatte er sein damaliges Unternehmen zum Weltmarktführer im Kompressionsstrumpf-Business geführt. Er erklärt Marc wie der Beuerhof mit Hand und Fuß, also quasi auf allen vieren mit viel Bodenhaftung, den Weg in die Zukunft beschreiten könne. Norbert betont die rational logischen Schritte. Marc hält die Fahne für die emotionalen, systemisch relevanten Themen hoch. Jeder legt in seine Waagschale immer wieder was nach. Ich bin mir nicht ganz sicher, ob sie sich wirklich gegenseitig verstehen können. Schnell erscheint es mir wie ein Pro- und Contra-Spiel. Dabei braucht es doch eindeutig beides in gut ausgewogenem Maße, um ein Projekt wie dieses, wo gearbeitet und gelebt werden soll, gedeihen zu lassen.

Ich suche Häuptling Dieter Three Eagle in seinem Büro auf und wünsche ihm und dem Ort einen guten Übergang in das neue Kapitel einer sich fortschreibenden Geschichte, die irgendwo bei den Kelten begonnen hat. Wenn nicht noch früher ...

NAHRHAFTE VERDAUUNGSPAUSE

Mit wilden Indianer-Gesängen auf den Lippen fahre ich den langen Betonweg übers platte Wiesenland. Die Kuhfabrik wirkt so eintönig, quadratisch, praktisch und überhaupt nicht gut. Welch Kontrast zum Bauerhof. Im Dorf sehe ich einen 1,50 Meter hohen Holzuhu mit Mundschutz. Bergauf und bergab durch die vielen verschlafenen Dörfchen geht meine froh gelaunte Fahrt. Dieter und Klaus sind noch immer nahe bei mir. Sie haben mich sehr berührt mit ihren Geschichten und ihrer Lebensweisheit, die wie selbstverständlich in ihrem ganzen Sein mitschwingen. So verschieden sie doch sind, beide gehen ihren ureigenen Herzensweg. Authentisch, ohne fade Kompromisse. Sie gehen, weil irgendetwas sie ruft. Ob von ganz weit draußen oder von ganz tief drinnen: *Gott ist, wenn man die Entfernung wegnimmt.* Das habe ich mal an der Mauer eines Bahnhofes gelesen und nie vergessen.

Gegen Abend komme ich nach Lirstal. Noch einmal ein steiler Anstieg für Paule, dann bin ich da. Hier wohnen seit knapp einem Jahr Ramona und Uli, die beiden, die dieses gerade entstehende Buch veröffentlichen wollen. Jetzt sind sie plötzlich live mittendrin. Es ist ein schönes Wiedersehen. Ich habe sie vor zwei Jahren auf Sizilien kennengelernt. Sie waren damals aus einem großen Verlag aus- und in ein neues Leben eingestiegen. Zunächst fuhren sie mit dem Wohnmobil über ein Jahr lang quer durch Europa, dann haben sie sich dieses Häuschen auf dem Land renoviert. Raus aus Köln, raus aus der Mühle der großen Firma, rein in die Selbstständigkeit. Mit ihrem eigenen Verlag machen sie nun die Bücher, die ihnen selbst am besten gefallen und deren Inhalt ihnen ein Herzensanliegen ist.

Auch der uralte Hund Pepito ist noch da, kommt blind und taub angewackelt und freut sich über Besuch. Wir machen Feuer im Garten, Ramona tischt mir einen ausgezeichneten Flammkuchen mit Birnen, Nüssen und Ziegenkäse auf und Uli bringt die kühlen Biere. Von Köln-Mitte in ein 200 Seelen Eifeldörfchen - das ist ein Schritt. Hier kennt noch jeder jeden und Zugezogene werden erst einmal argwöhnisch beobachtet. Warum ist Uli nicht längst der Freiwilligen Feuerwehr beigetreten? Oder Ramona den Pommesverkäuferinnen beim Dorffest? Was arbeiten die eigentlich? Und was steht da gerade für eine Zigeunerkiste vor ihrer Tür?

Es braucht eine Weile, bis man angekommen ist in so einer Dorfgemeinschaft, mit all ihren Vor- und Nachteilen. War ich als Jugendlicher noch sehr geplagt von dieser ‚Jeder kennt jeden und jeder glaubt, über jeden alles zu wissen und wenn nicht, dann denkt man sich einfach was Passendes aus- Kultur', so stelle ich heutzutage beim Spazierengehen mit meiner Mutter in meinem alten Heimatdorf fest, dass wir kaum mehr wissen, wer in welchem Haus wohnt. Fremde Namen stehen auf den Klingelschildern, Zugezogene von überall her. Keiner kennt keinen und die meisten wollen auch gar nicht unbedingt die Leute in ihrem Wohnumfeld kennenlernen. Gemeinschaft ist heute vielerorts dezentral geworden. Man ist in seiner Firma, in seinen Whatsapp-Gruppen und sonstigen virtuellen Communitys. Die Leute, mit denen man sich tatsächlich trifft, wohnen oft ganz woanders, die Mobilität und das Internet machen den direkten Bezug auf das soziale Umfeld in der Nachbarschaft überflüssig.

Ramona und Uli waren sehr fleißig. In kurzer Zeit haben sie das Haus entkernt und hell und geräumig neu gestaltet. In dem sehr abschüssigen Garten haben sie zwei Hochbeete angelegt, Kräuter, Obstbäume und Sträucher gepflanzt. Ich gratuliere ihnen zu einer hervorragenden Wildblumenwiese, die sich natürlicherweise am Hang ausbreitet. Blauer Natternkopf zwischen gelbem Johanniskraut, Königskerzen, Leinkraut und wilder Thymian: Solche Wiesen lege ich anderswo aufwendig an, indem der fette Mutterboden abgetragen wird, um mit magerem Substrat gute Bedingungen für blühende Vielfalt und damit reichlich Wildbienen und Schmetterlinge zu schaffen. Hier gibt es das einfach so.

Zurück in die Stadt zu gehen können die beiden sich nicht mehr vorstellen. Und auch nicht mehr von morgens bis abends in einem Büro zu sitzen. Sie haben sich eine Auszeit genommen, sind ein Jahr lang gereist und dann haben sie sich hier ihr neues Leben aufgebaut. Ein fortdauernder Prozess, der auch seine Tücken des entstehenden Alltages aufweist. Immer wieder frischen Wind reinlassen, wenn sich die Routine wie Staub über die Lebensträume ausbreitet, damit sie ihren Glanz nicht verlieren. Das ist für alle, die ihre Träume leben, unabdingbar, um sie lebendig zu halten.

Am nächsten Tag geht es weiter. Voll von Sprechblasen ist mein Kopf, sodass sie sich im Cockpit ausbreiten und bis nach hinten durchwabern. Ich muss die Fenster weit aufmachen, das wenigstens ein paar von ihnen hinausfliegen können, sonst bleibt mir irgendwann die Luft weg. Die letzten Tage waren so voll von Gehörtem und Gesagtem, dass ich dringend eine geistige Verdauungspause benötige.

Durch das gelb-grüne Eifelmosaik geht es nach Koblenz, wo sich die drei Flüsse Rhein, Mosel und Lahn treffen. Auf der Suche nach Stille muss ich noch einmal durch die geballte Hektik. Dabei gehe ich zeitweilig im Stadtverkehr verloren, weiß weder ein noch aus, bis ich dann auf einmal doch auf der richtigen Seite des Gewusels wieder herauskomme und ins Lahntal abbiege. Es ist Abend geworden. Völlig platt stoppe ich an einer kleinen Parkmulde. Auf einem Schild steht „Ruppertsklamm“. Das klingt nach Waldfrieden. Mit Mio folge ich dem schmalen Pfad zwischen die Berge. Kein Mensch mehr da. Tief eingeschnitten durch ein steiniges Bachbett geht es leicht bergan. Amseln rascheln im Laub, sonst geht hier nichts mehr ab. Endlich! Als ich oben bin, ist die Sonne schon hinter dem Horizont verschwunden, es ist trotzdem noch lange hell. Ich vertiefe mich in eine schöne Aussicht über das Tal. Das sich auf der gegenüberliegenden Seite den Berg hinauf schleppende Lahnstein wirkt wie ein Fremdkörper, als wäre es eben nur mal kurz abgestellt worden in diese über Jahrhunderte gewachsene Landschaft. Beim Blick auf diese so durchschnittliche Kleinstadt wird mir bewusst, wie viel Platz wir Menschen beanspruchen. Wir nehmen mit unserem rastlosen Drang zur Expansion so viel Raum ein, dass es schwer ist, noch Plätze zu finden, wo nichts brummt und nichts künstlich leuchtet. Genauso wie auf den Autobahnen und im Stadtverkehr geht es in unseren Köpfen ab. Sechzehn Stunden Radio – pausenlos, bis wir in den Sleep-Modus abgleiten. Um mein Radio auf stumm zu schalten, flöte ich spontan entspringende Tonkaskaden ins Tal hinab, dazu verbrenne ich etwas Beifuß. Der würzige Duft beruhigt mich, mein Kopf wird langsam wieder leerer.

Am nächsten Morgen muss ich auf Nahrungssuche gehen. Dazu nähere ich mich dem Supermarkt von hinten, mal sehen, ob der Container was hergibt. Ich tue das nicht, um Geld zu sparen, Essen ist mir gern etwas wert. Meine Gründe sind viel mehr, dass ich den Marktkonzernen ungern Geld gebe für die meist sozial- und ökologisch nicht nachhaltig produzierten Waren. Und außerdem ist da mein innerer Jäger und Sammler am Start, der sich gern überraschen lässt. Mir geht es da wie Mio mit dem Komposteimer: Man weiß nie, was geht und freut sich riesig, wenn was geht. Diesmal aber habe ich kein Glück, die Container sind in Käfige gesperrt. Was für ein Wahnsinn, dass in diesem Teil der Erde Essen, das oft aus anderen Kontinenten kommt, in Mülltonnen geworfen wird, und diese dann auch noch weggeschlossen werden, damit es ja keiner mehr herausholt. Also dann doch vorne rein und einkaufen. Anschließend begehe ich ein persönliches Novum: Ich quartiere Paul auf einem deutschen

Campingplatz ein. Ich möchte entspannt am Fluss stehen, um zu schreiben, zu baden und einfach nur in die Luft zu gucken. Das geht hier nur mit Campingplatz. Als ich Paul in eine Lücke in der weißen Hymer-Front gequetscht habe, gibt es zwei Reaktionen deren Bewohner: entweder Fotoapparat raus und ein Bild knipsen oder: Achtung, die Zigeuner kommen! Tür zu und Treppchen einfahren. Ich lasse Mio raus und unter Protestgebell der Hymer- Plüschhupen geht er gelassen zum nächsten Ahorn und verkündet mit einem satten Strahl, dass er jetzt vorübergehend hier Revier bezogen hat. Dort, wo die anderen ihre Vorzelte oder Markisen mit Grill und Campingsitzgruppe stehen haben, werfe ich meinen Knüpfteppich hin, dazu ein buntes Kissen und zwei Felle drauf. Hier bin ich. Der Rasen ist frisch gemäht und es riecht nach Fluss. Am anderen Ufer geht der Reiher spazieren. Ich schnalle mein Fahrrad vom Heck, überquere die Lahn über die Schleuse und radel mit Mio am Wasser entlang. Ab und an springe ich hinein, das ist mir so viel lieber als die Dusche, man bekommt dann so einen reinen, eigenen, durchaus angenehmen Körpergeruch.

In Dausenau treffe ich auf eine gewaltige Eiche, die Tausendjährige genannt. Ihr Stamm ist breiter als mein Bus und innen hohl wie ein Turm. Dennoch ist der Baum voller Leben und Kraft. Ganz ehrfürchtig räuchere ich mal wieder Beifuß. „Sie können doch hier kein Feuer machen! Was, wenn der Baum brennt!“, rügt mich sogleich ein Passant, dabei ist die Rauchentwicklung nicht größer als bei einer Zigarre. „Ahoo“, gebe ich zur Antwort und wende mich wieder der Eiche zu. Die obligatorische Frage drängt sich auf, wie viele Generationen Homo sapiens sapiens sie wohl schon hat kommen und gehen gesehen? Und wie viele werden es noch? Unseren naturverbundenen Vorfahren waren solche Baumwesen heilig. Wen wundert das?

Das widerspenstige Volk der Sachsen, welches partout nicht zum expandierenden Christentum gehören wollte, wurde erst gebrochen, als Frankenkönig Karl ihren Weltenbaum Irminsul fällen ließ. Mit ihm waren dann tatsächlich die tiefen Wurzeln einer langen Ahnenreihe dieses Stammes gekappt. Wo wir Menschen wohl auf diesem Stammbaum des

Lebens sitzen? Von den ersten Einzellern bis heute sind viele Äste ausgetrieben. Manche wurden irgendwann zu schwer, zu instabil und brachen bei evolutionären Stürmen ab, um dann auf dem Boden zu verrotten. Ihre Bestandteile nährten die Wurzeln des Lebens, sodass sie die Kraft in neue Zweige schieben konnten. Ziemlich weit oben entdecke ich einen dürren Ast. Zwar hängen da noch einige Blätter dran, doch er sieht gar nicht mehr gesund aus. Da wohnen wir und viele andere Tiere. Er ist mit einem Spanngurt gesichert. Diese Maßnahme aber kann ihn nicht am Leben erhalten. Nichts von außen kann ihn auf Dauer retten. Von innen her muss er heilen. Kann er das noch? Weiter unten sehe ich die Narben von abgebrochenen Ästen der Vergangenheit. Die Bruchstelle, wo der Ast mit den Dinosauriern abbrach, ist bereits schön überwallt und gut verheilt. So ein Baum hat ja Zeit. In Millionen von Jahren kann er so manche Äste fallen lassen und genauso viele neue wieder hervorbringen. Kommt schon alles so, wie es kommen soll, sagt mein Kopf auf seiner erhabenen Meta-Ebene. Meine Füße auf der Erde aber sagen: „Lass uns dafür gehen, dass unser Ast wieder heile wird!" Mein Bauch sagt: „Ich könnte jetzt mal was essen."

Zurück auf dem Campingplatz Bad Ems kündigt sich Regen an. Es flimmert bläulich aus den Hymer-Fenstern, während der Sonderling draußen im Regen sitzt und den Fluss anstarrt. Ich spiele auf meiner Steinflöte und sehe die Tropfen fallen. Viele kleine Kreise ziehen sie.

BIRGIT

KÜNSTLERKOMMUNE
UND DIE MÜHLE
IM JAMMERTAL

„DAS LEBEN IST
DIE HÖCHSTE
FORM DER KUNST."

Ich fahre Richtung Katzenelnbogen. Kurz vorher geht es ab nach Kördorf. Dort quetsche ich Paul durch eine schmale Straße an eng stehenden Häusern vorbei und komme auf einen Feldweg. Er führt durch die grüne Weidelandschaft und mündet dann in den Wald. Nun geht es bergab, ein Schild informiert: Sackgasse, letzte Wendemöglichkeit. Ich will nicht wenden. Ich fahre weiter hinunter ins Jammertal. Es wird finsterer. Auf der Talsohle erscheint zwischen den Bäumen ein Haus, ich fahre jedoch weiter, weil Paul nicht durch die Zufahrt passt. Eine baufällige Brücke trägt ihn ans andere Ufer des Bachs, dahinter parke ich auf einer kniehoch gewachsenen Wiese. Als der Motor ausgeht, herrscht vollkommene Stille. Nur meine Ohren pfeifen und der Bach murmelt vor sich hin. Ich stehe in der Mitte eines grünen Kessels. Ich laufe den Weg zurück zur Neuwagenmühle. Reger Schneckenverkehr, sonst ist hier nichts los. Es riecht nach Laub und Moder, der Regen der letzten Nacht ist hier hängengeblieben. Das Tal, in dem die alte Mühle steht, ist eng geschnitten. Ihr Wasserrad dreht sich und ich fühle mich im Zeitraffer zwei Jahrhunderte zurückgespult.

Die Brennnesselflur entlang des Bachbettes ist gewaltig, sie kündet von reichlich Stickstoff im Boden. Dort würde bestimmt auch prächtiges Gemüse gedeihen, wäre es nur nicht so schattig. Indisches Springkraut blüht anbei rosarot. Nahe dem Mühlenhaus bleibe ich vor einem drei Meter hohen Wächter stehen. Aus einem Stamm geschält steht er da: vogelartig, gehörnt, mit prüfendem Blick. Er lässt mich passieren. Ein paar Schritte weiter sehe ich einen Mann mit weißer Batschkapp und rotem Jäckchen auf der Terrasse sitzen. Grauschwarze Locken quellen darunter hervor über sein stoppeliges Gesicht, dem man ansieht, dass es gern draußen ist. Sein breites Lächeln und die funkelnden schwarzen Äuglein prüfen nicht, sie sind einladend. Kleine Rauchwölkchen entweichen ihm und wehen über das Bier in seiner Hand. Ich erkenne ihn wieder, es ist Kalla, der Lebensgefährte von Birgit, die in dem Moment hinter ihm auftaucht. Im Freizeitschlabberlook, mit dem man hier an diesem entschleunigten Ort nie falschliegt. Ihre weiße Mähne hat sie heute zusammengesteckt.

„Ach, du bist ja da!“, ruft sie überrascht. Ja, ich bin ja da! Wo auch sonst? Eine herzliche Umarmung folgt. „Nimm dir ein Bier, du weißt ja, wo der Kühlschrank steht.“ Direkt daneben, auch auf der Terrasse. Ich setze mich hin und lande in der wunderlichen, kunstvoll-verschrobenen Welt von Birgit und Kalla. In der alten Mühle, fernab vom Weltgeschehen, mit Strom vom Mühlrad, Trinkwasser aus der Quelle und Brauchwasser aus dem Bach. Eine lichte Unterwelt irgendwie, voll Kunst und Schrott, voll Werden und Vergehen.

Im Gegensatz zu unserem Inselstromsystem auf dem Reinighof, wo die Sonne im Sommer für Überschuss sorgt und es im Winter sparsam wird, ist hier jetzt die Ebbezeit. Das Wasser sei in den letzten Jahren deutlich weniger geworden, wegen der Klimaerwärmung, erklärt Kalla. Wenn man so unmittelbar abhängig von den natürlichen Gefügen ist, spürt man auch als Erster, wenn sich etwas ändert. Im Nu reisen wir einmal quer durch die Gesellschaft und die Weltpolitik. Hier braucht man nicht lange, um in diesem Mikrokosmos anzukommen, man kann gar nicht anders, wird förmlich aufgesaugt. Eine echte Anderswelt. Plötzlich segelt ein riesiger Vogel durch das Tal, ganz nah an unserem Sitzplatz vorbei. Ein Schwarzstorch. Ich bin begeistert, denn den kannte ich bisher nur aus Tierfilmen. Ein sehr seltener Waldbewohner, dessen Vorkommen eindeutig für die Qualität eines naturbelassenen Waldes spricht.

Eine weitere Frau gesellt sich zu uns: Anna-Karin, eine schwedische Künstlerin, die weder wie eine Schwedin noch wie eine Künstlerin aussieht und in Köln lebt. Sie baut hier an diesem charmanten Arsch der Welt, ihre Ausstellung namens „Schwedische Favelas“ auf. Dazu gehören auch ein Hahn, zwei Hühner und vier Tauben, die mit ihr in ihrem mit bunten Quadraten bemalten VW-Bus unterwegs sind. Abstrakte Bilder und aus Pappmaschee, Tesa, Plastik, Alu und was sonst noch so im Mülleimer zu finden war, gebastelte Mini-Behausungen. Favelas eben. Ein faszinierender Mikrokosmos, aus Fantasie und Trash. Sonntag ist die feierliche Eröffnung, zu der Kalla fünfzig Leute erwartet. Birgit schraubt die Erwartung allerdings lieber auf zehn runter. Kunst ist schwierig unters Volk zu bringen, hier, im Dunstkreis von Katzenelnbogen. Aber das ist den beiden ziemlich egal, sie machen das, was sie für richtig halten, ob es nun jemanden interessiert oder nicht.

Der ganze Platz hier ist eine dynamische Dauerausstellung Ideen und Bildnisse im sich unablässig drehenden Mühlrad des Werdens und Vergehens. Überall ist etwas hinein gebastelt, quer drapiert, installiert, choreografiert. Das Kalla von Haushaltsauflösungen und Flohmarktverkäufen lebt, liegt nahe. So Einiges, was zu kostbar oder zu schrottig war, um es zu verkaufen, ist hier in Szene gesetzt worden. In Kooperation mit dem Zahn der Zeit, der stetig an ihnen nagt, haben sie ein verspielt-makabres Eigenleben entwickelt. Da die Mühle im Wald steht, sind seine Fraßspuren standortbedingt vor allem grün und verpilzt. An einer Tür hängt ein Schild: *„Temporäres Feld für experimentelles Arbeiten ohne unbedingtes Ergebnis."* Das unterschreibe ich gern. Im Vergleich zum sehr durchstrukturierten Beuerhof wächst hier alles so, wie es gerade will. Oder auch nicht. Etwas zu beginnen, muss nicht unbedingt bedeuten, es auch zu beenden. Einmal was zu erschaffen, heißt nicht, es auf Dauer erhalten zu müssen. Was so sein soll, wird so sein und was nicht, eben nicht. Weg mit der Überverantwortung. Hat sie doch schon so manch einen langsam zerdrückt, wie eine Ameise unter einem erhobenen Zeigefinger, der sich langsam herniedersenkt. Birgit sagt: „Ich bin ein expressionistischer Typ. Ich mag auch die Form, doch sie darf mich nicht bestimmen. Ich mag mich führen lassen von den natürlichen Inspirationen. Die Formen, die wir hier schaffen, dürfen verwittern. Wir wirken zusammen mit der Natur. Art of progress. Es geht nicht um den schönen Schein, wie in der Werbung. Es geht um den Ausdruck der Magie des Lebens. Es muss nicht schön sein, es muss stimmig sein." Damit hat sie nicht nur ihre Kunst, sondern auch sich selbst schon sehr gut beschrieben.

Jüngst sind neue Mitbewohner zugezogen, die aber gerade verreist sind, was Birgit sehr bedauert. Eine junge Familie, die sie mir gern vorgestellt hätte. Sie wohnen über den Räumen der beiden Alteingesessenen. Ein Vierteljahrhundert ist Birgit nun schon hier, was erheblich länger klingt als fünfundzwanzig Jahre. Kalla kam zwei Jahre später hinzu.

Er ist nach einer Goa-Party bei Birgit und der Mühle hängen geblieben. Außerdem gibt es hier noch einen Ralf, den ich allerdings noch nie gesehen habe. Er sei so eine Art verrückt-genialer Erfinder, der aus Schrott irgendwelche Dinge zusammenbastelt, die manchmal funktionieren und manchmal auch nicht. An den lichtesten Stellen des Tales gibt es zwei kleine Gemüsegärten. Blumen blühen wo sie wollen und überall dazwischen wachsen immer wieder Brennnesseln und Giersch. Sollte irgendwann die Weltwirtschaft zusammenbrechen und alle Regale tatsächlich einmal leer sein, könnten die Jammertalbewohner Brennnesseln essen, bis sie grün würden und so noch eine ganze Weile überleben.

Geht man bis zum Ende der lebendig-verwitternden Dauerausstellung, kommt man zu einem aus Brettern zusammengezimmerten Hüttchen mit langem, spitzen Dach. Es sieht aus wie eine Mischung aus Kapelle und Geräteschuppen. Die *Church of Fear*, entstanden anlässlich des Irakkrieges 2002/03 in Zusammenarbeit mit Christoph Schlingensief. Ihre Botschaft ist, keine Angst vor der Angst zu haben. Diese Kirche steht offen für alle Gläubigen und Ungläubigen. „Wir putzen sie nur einmal im Jahr. Da sind Vögel und Mäuse, Chaos und Ordnung. Das gehört so."

Ich finde den Kirchenschuppen allerdings etwas makaber und ein bisschen wie aus einem Gruselfilm. Auf einem Altar sind allerhand von Staub und Spinnweben überzogene Reliquien aufgestellt: Jesus, Mutter Maria, Buddha und auch ein mir unbekannter Hund. Ein Schweinepriester im schwarzen Talar steht daneben. An der Wand hängen Schwarz-Weiß-Fotos. Der Staub und die Spinnweben, die das Ganze gottverlassen erscheinen lassen, gehören selbstverständlich zum Konzept.

Im Mittelalter hätte man Birgit wohl dafür verbrannt und den Rest der Mühle gleich mit. Aber wahrscheinlich hätte die Inquisition das auch so, ohne *Church of Fear*, getan. Ich frage mich, ob, wenn Birgit könnte, sie umgekehrt auch den Vatikan gern in Flammen sehen würde. Sie ist nicht gut auf die jahrhundertelang währenden, bis heute ungesühnten Verbrechen der Kirche zu sprechen. Vor allem die Unterdrückung der Frauen ist das Thema, für das sie leidenschaftlich im Herzen brennt. Seit Jahrzehnten erforsche sie stimmige Lebensformen, wie sie sagt. Sie hat alle wichtigen Bücher der Matriarchatsforscherinnen gelesen und hat selbst einen über 1.000 Seiten dicken Wälzer namens „Die verlorene Göttin“ geschrieben. Darin berichtet sie von historischen Geschehnissen, die in den Schulbuch-Geschichtsschreibungen weitestgehend ausgespart werden. Dort sind die Eckpfeiler, wann wer wen erobert hat, wer wo wie lange geherrscht hat und wann „neue“ Kontinente entdeckt worden sind. Es stimmt wohl, dass Geschichte von den Siegern geschrieben wird. Birgit erzählt die Geschichte viel mehr aus der Sicht der „Unterworfenen“. Vor

allem der Frauen. Mir persönlich hilft es ungemein weiter, zu verstehen, warum unsere Normalität heute so ist, wie sie ist, wenn ich diese andere Seite der Story auch kenne. Und ich glaube, ich hätte auch gern ein Schwefelhölzchen beigesteuert, um den sich zu himmlisch verklärenden, weltfremden römisch-katholischen Mafiosis ordentlich Feuer unter ihren weißen Hintern zu machen.

Zumindest Dampf gemacht bekommt Kalla, wenn er mal wieder ein paar Biere zu viel gezischt hat. Er nimmt es gelassen. „Ich hab Birgit die Erlaubnis gegeben, mich zusammenzustauchen. Hab mir immer eine Frau gewünscht, die sich das traut", sagt er und zieht noch ein Fläschchen auf. „Ich weiß, dass ich wieder ein bisschen langsamer machen muss. Prost!" Die beiden sind ein herrliches Paar. Kalla ist 68, Birgit 66. Sie wirken auf mich wie zwei gut eingelagerte Äpfel: leicht angeschrumpelte Schale, aber von innen her voll Saft und Kraft. Ganz bestimmt echt süß.

Ich gehe zum Bus. Wildschweine quieken im dunklen Wald. Regen. Die Neuwagenmühle ist ein Platz, wo man einfach nur mal sein kann, weil alles so ist, wie es nun mal gerade ist. Hier den Winter zu überstehen ist wohl allerdings eine ganz schöne Herausforderung. Dann ist auch alles so, wie es gerade ist: Die nächste Stadt ist fern, Handyempfang ist nicht. Da wird hier auch keinen wert drauf gelegt, ganz im Gegenteil. Hier ist dennoch sehr guter Empfang. Empfang für Botschaften und Signale auf anderen Frequenzen. Tiefe Inspirationen kommen aus der Erde und dem Wasser, hier, im wunderlichen Jammertal.

VON BIRGIT, OTTO UND DEN BONOBOS

Am nächsten Morgen treffe ich mich mit Birgit auf ihrer Terrasse. Zwischen Bachplätschern und Hühnergegacker gibt es Kaffee, der viel zu stark geraten ist. Er schmeckt bitter und ich bekomme nervöse Zuckungen. Birgit packt das ganze Koffein in ihren Redefluss, der lebendig und anschaulich zu sprudeln beginnt.

Die Akademikertochter Birgit Weidmann aus Bielefeld verspürte schon zum Ende der Schulzeit erste Fluchtimpulse. Zuviel vorgekautes Wissen, sie wollte das Leben selbst schmecken. Dennoch begann sie zu studieren, eher so nebenher. „Universitäten sind für mich Orte der Gehirnwäsche. Meine Schule ist das Leben."

Mit ihrem damaligen Freund, einem Musiker, zog sie nach München und fand dort Eintritt in die alternative Szene. Vor den östlichen Toren der großen Stadt, Richtung Österreich, bildeten sich damals zahlreiche Landkommunen und bald wohnte auch Birgit da. Eine neue Welt begann sich vor ihr zu entfalten. Voller Idealismus und Männer mit langen Haaren, die freiwillig im Sitzen pinkelten, Blumenkohl und Möhrchen im Garten und Freiheitslieder auf den Lippen. Der Traum einer besseren Welt lebte.

Doch schon nach wenigen Monaten hatte die bunte Luftschloss-Fassade dermaßen Risse bekommen, dass sie schleunigst wieder wegwollte. Irgendwo in der Grauzone zwischen Abwasch und Liebeleien zerlegten die alten Gespenster, die ein jeder im Handgepäck mit in diese vermeintlich Neue Welt gebracht hatte, die hehren Ansinnen, alles besser machen zu wollen als die Eltern und Großeltern.

Birgit fuhr mit dem Fahrrad nordwärts quer durch Deutschland, um in Hamburg auf ein anderes Kommunen-Projekt aufzuspringen. Außer dem Dialekt hatte sich allerdings nicht viel geändert. Auch hier zerbrach das große Wir an zu vielen kleinen Ichs. Weiter ging der Drahteselritt nach Dänemark. Die Freistadt Christiania war ihr Ziel. Ein ehemaliges Militärgelände in Kopenhagen, das ab dem Jahr 1971 von Freigeistern, Traumtänzern und Tagträumern annektiert wurde, als das El Dorado für die Anarchisten dieser Zeit. Als die für viele bis dato größte Chance, eine Gesellschaft von null aufzubauen – und dabei trotzdem die vorhandenen Gebäude weiter zu nutzen. Ein eigenes Elektrizitätswerk, ein Badehaus, eine gigantische Sporthalle, wo all die Friedenssuchenden würdevoll meditieren konnten, und ein Yogazentrum. Hallen, in denen sich Theatergruppen zu Hause fühlen konnten. Gebäude für Kiffer, die zu paranoid und schwach waren, um sich abzuhetzen. Ludvigsen war Mitautor von Christianias Leitbild von 1971, in welchem Folgendes steht:

„Das Ziel von Christiania ist das Erschaffen einer selbst-regierenden Gesellschaft, in der alle und jeder für sich für das Wohlergehen der gesamten Gemeinschaft verantwortlich ist. Unsere Gesellschaft soll ökonomisch selbsttragend sein, und als solche ist es unser Bestreben, unerschütterlich in unserer Überzeugung zu sein, dass psychologische und physische Armut verhindert werden kann."

Nach vier Monaten allerdings fand Birgit sich erneut desillusioniert: zu viele Drogen, zu viele Konflikte, zu viele alte Gespenster, auch hier. Sie wollte mehr. Mehr Menschsein im Puren, mehr neuen Geist, der vielleicht in den Wurzeln des Homo sapiens wiederentdeckt werden wollte. Dieser Anspruch führte sie zu einem damals wie heute umstrittenen Projekt, wo sie die nächsten vierzehn Jahre ihres Lebens verbrachte: die berühmt-berüchtigte Kommune des noch berühmt-berüchtigteren Aktionskünstlers und Gurus Otto Mühl. Dort fand sie, was ihr zuvor gefehlt hatte. Es gab soziales Handwerkszeug, klare Regeln und ein Konzept, welches das große Konfliktfeld „Freie Sexualität versus Eifersucht" zu befrieden schien. Das interessierte sie. Und auch, wie sie ihre inneren, gesellschaftlich anerzogenen Blockaden lösen konnte. Es war eine der heftigsten Gegenausschläge zur gutbürgerlichen Prüderie der Nachkriegsjahrzehnte.

„Heute hört man nichts Gutes über die Mühl-Kommunen, die es ja in verschiedenen Städten gab, wie Oslo, Paris, München und natürlich Wien, wo ich hinzog. Von dort aus ging es später hinaus ins Burgenland, auf den Friedrichshof. Und obwohl dort mit der Zeit so einiges aus dem Ruder lief, möchte ich nichts missen. Es war eine unglaubliche Lebenserfahrung."

Otto Mühl war Aktionskünstler, charismatischer Revoluzzer und für manche ein sich selbst vergötternder Narzisst. „Bleib stets in der Kunst. Bleib in der Gestaltung. Dort kannst du alle deine Gefühle ausleben", war sein Credo. „Ein schönes Beispiel gab er Weihnachten 1976", erzählt Birgit. „Die Frauen wollten unbedingt einen Weihnachtsbaum. Für die Kinder, behaupteten sie, und schafften einen an. Otto fand das natürlich doof. Wir trafen uns alle im Wohnzimmer unserer 120-qm-Wohnung, damals noch in der Praterstraße. Der Baum mit Kugeln, echten Kerzen und Weihnachtsstern an der Spitze war auch zugegen. Siebzig Leute, alle mit Glatzen, weil es kurz zuvor eine Läuseplage gegeben hatte. Es ging, wie immer, um Selbstdarstellung. Jeder, der wollte, konnte in die Mitte gehen, um dort mit theatralischen Elementen seine Emotionen in Bezug auf das Weihnachtsfest auszuleben. Die Verlogenheit des Konsums, Scheinheiligkeit, Kirchengewalt und so weiter. Otto saß derweil am Klavier und klimperte vor sich hin. Plötzlich verstummte das Klavier und Otto sprang auf. Er raste auf den Baum zu, packte ihn, schüttelte ihn, schleuderte ihn in die Mitte. Dort begann er brüllend auf ihm herum zu trampeln. Mit Händen, Füßen und Zähnen zerpflückte er ihn komplett." Er war zweifelsohne der Silberrücken in der Gruppe und hatte das somit wieder einmal bewiesen. Ansonsten waren Spülen und freie Liebe gut organisiert. Es gab klare Regeln für den Abwasch und den Sex: keine 2er-Beziehung, das war schon mal die Einzugsbedingung. Damit sich so eine Unbill dann nicht noch nachträglich einschleichen konnte, sollte man sich jede Nacht mit anderen Partnern zum Beischlaf verabreden. Nie mit dem gleichen zweimal hintereinander. „Ich fand das spannend. Eine besondere Art der Kommunikation. Mir ging es dabei vor allem um die Nähe." Ja, mit 70 Leuten in einer 120-qm-Wohnung war es wohl kuschelig. Eine echte Kommune, die alles teilte, sogar die Unterhosen. Wer zu spät aufgestanden war, bekam nur noch die zerrissensten ab. Nichts konnte geheim bleiben, die allseits so hochgeschätzte Privatsphäre war aufgelöst.

Ich muss an die Bonobos denken. Diese, unsere nächsten Verwandten, (genetisch sind die Bonobos uns wesentlich näher als den Gorillas) leben vollkommen gewaltfrei miteinander. Sie sind Vegetarier und bauen ihre sozialen Spannungen mit regem Geschlechtsverkehr ab, jeder mit jedem. Die uns ebenfalls genetisch sehr nahen Schimpansen hingegen sind da etwas prüder. Dafür sind sie kriegerisch, überfallen andere Gruppen und verspeisen mitunter sogar Artgenossen.

„Ich bin mir 100 Prozent sicher, wenn die Menschen wieder in Einklang mit ihrer Sexualität kommen, gibt es keine Kriege mehr. Das löst einfach die Spannungen", sagt Birgit. Also mehr Gemüseküche, Swingerklubs mit freiem Eintritt für alle! Ach ja, wie schön könnten wir es doch miteinander haben. Wenn da nicht die Eifersucht wäre ... Nebenbei bemerkt: Heutzutage lebt Birgit mit Kalla übrigens in einer monogamen Zweierbeziehung.

Aber zurück zur Mühl-Kommune: Glück in der Liebe - Pech im Spiel. Finanziell lief es weniger prickelnd und eines Tages stand die Pleite ins Haus. Da aber drehte der Wind of Change: Findige Kommunarden erkannten, dass sich, wenn man sich nur gut genug mit Anzug und Krawatte als seriöser Geschäftsmann tarnte, schnelles Geld mit Kapitalanlagegeschäften machen ließ. Der Pakt mit dem Teufel wurde geschlossen und der Kapitalismus rettete den Bonobo–Kommunismus der Mühlianer. Und so kam es, wie es kommen musste: Erst kam das Geld, dann das Kokain. Und mit ihm der Zerfall. „Otto veränderte sich auf ungute Art und Weise. Koks macht den Menschen empathielos und sexuell hyperaktiv. Mühl wollte plötzlich alle jungen Mädchen für sich, um sie in die Liebe ‚einzuweihen'. Jus prima noctis. Das Recht der ersten Nacht, wie in dunkelster Feudal-Vergangenheit. Der voranschreitende Freigeist schwang sich zum Grafen auf. Ich konnte es nicht fassen, dass dieser gleiche Mensch nun solch eine Schlafzimmerpolitik betreiben konnte, dass er sich so verwandelte. Er ist mutiert und das Projekt mit ihm.

Irgendwann entschlossen sich dann ein paar von uns, Otto anzuzeigen. Das brachte das Ende der Kommune mit sich. Sie zerbrach in ihre Bestandteile." Mühl wanderte ins Gefängnis. Am 1. Januar 1991 wurde das Privateigentum eingeführt, jeder bekam 2000 Mark auf die Hand für ein neues Leben. „Es war ein bitteres Ende. Doch zuvor war vieles auch gut gewesen. Es gab große Kindergruppen, Frauengruppen, keine Trennungen, keine Prügeleien. Wir tragen die Gewalt in uns, aber auch den Kern des Friedens. Das Matriarchat ist in uns veranlagt, doch wir leben im Kapitalismus und im Patriarchat. Beides hatte uns in unserem Projekt eingeholt. Es braucht wohl Generationen, das aufzulösen. Ich hoffe und glaube daran." Otto Mühl saß acht Jahre im Gefängnis. Danach ging er nach Portugal. Von Parkinson gezeichnet verstarb er dort 2013.

Kalla ruft zum Abendessen. Es gibt panierte Zucchini, dazu Reis, Salat und Bier. Auf dem Esstisch liegt das Greenpeace-Magazin. Der Vogel auf dem Titelblatt fixiert mich mit stechendem Blick über dem überdimensionalen Schnabel.

„ICH BIN!“, lautet die Titelzeile unter ihm. „Tiere denken, wissen und fühlen. Es ist Zeit für ein anderes Leben mit unseren Verwandten.“ Auf Seite sechs folgt ein Bericht über eine Initiative, die die Menschenrechte auf die Primaten ausweiten möchte. Professor Volker Sommer vom Great Ape Project ist dafür und gegen Speziesismus, den er für genauso verwerflich hält wie Rassismus oder Sexismus. Heute für die meisten von uns selbstverständliche No Gos, früher selbstverständliche Normalität. Ich bin jedenfalls dafür! Ein bisschen mehr Bonobo würde uns doch allen guttun.

Auf dem Weg zu meinem Bus stolpere ich fast über einen Salamander, was für mich keinen Beinbruch, für ihn aber ziemlich sicher einen Genickbruch bedeutet hätte. Schwarz-gelb glänzend gelebte Urzeit, hier im feuchten Mühlengrund. Während der Regen gemächlich auf das Dach meines mal wieder günstig in einer ökologischen Randnische geparkten Schneckenhauses prasselt, denke ich über drei Zahlen nach, die ich dem Heft mit dem aufdringlichen Vogel vorne drauf entnommen habe. Sie künden davon, wie es um unseren Evolutionszweig derzeit bestellt ist: Von der Biomasse aller Säugetiere auf Erden entfallen 33 % auf den Homo sapiens, 63 % auf seine Nutztiere. Auf die wild lebenden Säugetiere entfallen ganze 4 %. Auch wenn ich nicht weiß, wer das wie gewogen hat, bereiten mir diese Werte große Sorgen. Noch mehr, weil dieses gewaltige Sterben der Wildnis unseres Planeten sich hinter der schillernden Fassade der Konsumwelt vollzieht. Das sind Tatsachen, die alle angehen und alle betreffen, von denen die meisten aber nichts mitbekommen. Was soll ich damit anfangen, außer Bio-Maiswaffeln essen und flöten wie ein Hobby-Indianer? Manchmal kommen mir die Ungeheuerlichkeiten gegenüber der Natur, welche sich die Menschen wie selbstverständlich herausnehmen, so dreist vor, dass ich, falls mir der liebe Gott mit Thors Hammer hinter den Wolken winken und mich fragen würde „Soll ich draufhauen oder nicht?“, gern antworten würde: „Mach ruhig, aber beeil dich.“

Und dann würde er den Größenwahnsinn des Menschen wie einen Hering in den Erdboden rammen. Schluss. Aus. Ich habe fertig. Die Erde könnte dann in Ruhe einige Jahrtausende genesen und neue Blüten treiben. Wäre da nicht der Haken am Hering, dass es für mich keine „generelle" Menschheit gibt. Es gibt eben die solchen und die solchen. Und die dazwischen. Und das sind vielleicht die meisten. Wenn ich an Dieter, Klaus und Birgit denke, wenn ich an Indianer, an die Russen vom Land denke, dann sehe ich doch den guten Kern im verdorbenen Fruchtfleisch des Apfels vom Baum der Erkenntnis. Und wenn ich dann auch noch an die Orang-Utans, die Braunbären, die Wale, die Bienen, die Schwarzstörche, die Salamander und die vielen anderen denke, die unschuldig von so einem Rundumhammerschlag ebenfalls betroffen wären, würde ich wohl eher sagen: „Alder, warte einmal … " Da ist noch zu viel naive Hoffnung, dass noch was geht.

Mir liegt nicht viel am bloßen Überleben der Spezies des Homo sapiens Subspezies Normalverbraucher. So viel mehr liegt mir an der Bewahrung dieser wunderbaren Schöpfung. Nicht vom Gehirn her, eher aus dem Bauch raus oder vom Herzen. Oder von der großen Göttin. Oder vom heiligen Bimmbamm. Ist ja auch egal, woher. Und diese Hoffnung und Verbundenheit, die begegnet mir immer wieder in den Menschen, die in ihren Ökonischen eine heilere Welt herbeiträumen.

DIE MÜHLENGEISTER UND EIN ORT MIT SEELE

Am nächsten Morgen spaziere ich durch den Taunus. Überall fallen mir die sterbenden Fichtenkulturen auf. Die Nadeln, die eigentlich an den Zweigen hängen sollten, breiten sich wie ein Teppich auf dem Weg aus. Der Borkenkäfer geht seinem waldpolizeilichen Handwerk nach und entfernt, was da nicht hingehört. Sein großer Bruder Sturm kommt ab und an vorbei und spielt eine Runde Mikado. Auch wenn es jetzt regnet, zeigen die Trockenheit der letzten Jahre und der kontinuierliche Temperaturanstieg Wirkung. Der Wald verwandelt sich, wenn die äußeren Bedingungen sich verändern. Und die Menschen wandeln sich ebenso, wenn es das Leben von ihnen verlangt und sie bereit sind, zu wachsen. So auch Birgit. Nach dem Zerfall der Mühl-Kommune begann sie, zum ersten Mal ihr eigenes Geld zu verdienen, und das gleich reichlich. Das Handwerkzeug zur Kapitalanlage-Beraterin hatte sie ja nun gelernt. Zusammen mit nur einem Mann und ihrem siebenjährigen Sohn lebte sie in Düsseldorf. Eine Regelschule für ihr Kind kam nicht infrage und so zog es sie wieder aufs Land, in den Taunus, wo es eine freie Schule gab. Dort erfuhr sie von einer leer stehenden Mühle. Sie besichtigte sie, verliebte sich in den Platz und kaufte sie. Bald darauf zog sie zusammen mit ihrem Partner und drei weiteren Erwachsenen plus fünf Kindern ins Jammertal. Pferd, Ziege, Hunde und Katzen waren auch dabei.

Nach anderthalb Jahren aber menschelte es mal wieder auf der ganzen Linie und bald war sie allein mit ihrem Kind im Jammertal. Sie stand auf der Brücke, die sich über die obere Klamm spannt, und sah mit tränentrübem Blick auf die Mühle. Sie erkannte, dass dies ein schwerer Ort ist, mit einer von seiner Vergangenheit belasteten Gegenwart. Hier war es nie leicht, zu leben. Nicht umsonst gibt es zahlreiche Geschichten von Gespenstern, die in Mühlen herumspuken. Doch obwohl Birgit die existenzielle Angst im Nacken saß, sprach es aus ihr heraus: „Ich möchte hier einen Platz des Friedens schaffen." Und dieses Bild geht ihr bis heute nicht aus dem Kopf. „Ich weiß auch noch genau, wie ich beim Frühstück dasaß und den Bach hinabschaute. Da flog mich so ein starkes Gefühl von Heimat an, wie ich es bis dahin nie gekannt hatte."

Ich muss wieder an den Schwarzstorch denken, der uns genauso am Abend meiner Ankunft hier entgegengeflogen ist. Birgit hat einen Auftrag, und wenn ich von ihm höre, berührt mich das. Es erinnert mich an das, was Dieter mir berichtet hat. Seinen Ort zu finden, mit ihm in Kommunikation zu sein und ihm zu dienen, so wie der Ort einem selbst dient. Mir geht es ja auch so auf dem Reinighof, und Hong, der noch viel länger mit dem Platz verbunden ist, wohl noch um einiges mehr.

Doch Zweifel, die auf Existenzängsten und Einsamkeit gründen, können sehr hartnäckig sein. Sie drangsalierten Birgit weiterhin. Bis eine weiße Frau sich ihrer annahm. Es gibt Sagen, die davon künden, dass sie hier am Wehr leben würde. Birgit nannte sie die alte Henn, weil die Mühle im Volksmund auch Hennemühle genannt wird. „Sie kam im Traum zu mir und schenkte mir eine Blume, die aussah wie ein rosa Löwenmäulchen. Sie sagte, ich sei herzlich willkommen, gab mir weißes Bettzeug und ein schwarzes Buch. ‚Achte auf diese Blume', sagte sie noch. *Hilgertgraben* heißt der Ort auch. Das bedeutet ‚heiliger Garten'. Eine Seherin sagte mir später einmal, dass hier eine Nixe wohne."

Können Orte so etwas wie eine Seele haben? Ein Bewusstsein, welches mit dem Menschlichen kommunizieren kann? Esoterischer New Age-Schwachsinn oder altes Wissen, was sich neu erschließt? Früher war es gang und gäbe, dem Hausgeist etwas von den Speisen zu opfern und heute sprechen Systemtheoretiker von morphogenetischen Feldern, sozusagen Informationsblasen, die sich um Orte bilden, wie ein Gedächtnis, von all dem, was dort je geschehen ist. Ich persönlich bin aus eigener Erfahrung fest davon überzeugt, dass dem so ist. Auch auf dem Platz des alten Erich Krüger habe ich das so erlebt. Ich war in Kommunikation mit ihm, oder eben mit dem „Gedächtnis" des Platzes.

Es gibt jedoch nicht nur nette Hausgeister und Geisterinnen. Mühlen sind oft schwere Orte, Rückzugsorte an bewegtem Wasser in engen Tälern. So soll auch hier der gute alte Schinderhannes mit seiner Räuberbande verkehrt haben. Und laut Birgit waren das nicht nur fröhlich zechende, grün gewamste Helden in Strumpfhosen. Da waren üble Burschen dabei, brutale Männer, wie zum Beispiel der Schwarze Peter. Anfangs klauten sie nur Pferde aus purer Armut und verkauften sie an die Revolutionstruppen. Mit der Zeit aber wurden sie zunehmend skrupelloser und brutaler. Diesseits des Rheins waren sie wohl noch recht moderat. Auf der anderen Seite hingegen ging es härter zur Sache. Im Nachhinein wurde vieles romantisiert. So heißt es, dass ein sehr poetischer Räuber ein Gedicht schrieb, als die Obrigkeit heranrückte. Alle Gauner flohen aus dem Gehöft, nur der Dichter war so vertieft und wollte unbedingt seinen Reim zu Ende bringen. Erst in letzter Sekunde kam er noch davon.

„Heutzutage sind die Pferdediebe in Anzug an den Börsen unterwegs, häufig auch verklärt und idealisiert, obwohl Blut an ihren Bilanzen klebt“, sagt Birgit. Um die belastenden Energien aus der Mühle zu vertreiben, schickte eine Freundin Birgit zu einem Channel Medium. „Ich dachte zunächst: So ein Quatsch, da halte ich gar nichts von!“ Aber dann ist sie doch hin. Das Medium sagte ihr, dass dieser Ort von der Vergangenheit belastet sei. Es brauche eine Hausreinigung auf energetischer Ebene. Dafür wurde Birgit an eine Frau aus Montabaur verwiesen, eine Art spirituelle Putzfrau. Da mag man nun von halten, was man will, nach der Hausreinigung jedenfalls war Ruhe. Birgit konnte voll und ganz ankommen. Und wie sie dann so glücklicher und zufriedener mit ihrem Leben in der Natur wurde, machten sich auch Veränderungen bei ihren Kunden bemerkbar. Die Manager und Geschäftsleute begannen, ihr von ihren Lebensträumen zu erzählen, von ihren Wünschen nach Orten der Ruhe und des Friedens. „Ich kickte sie irgendwie in ihren Herzensvisionen an. Und bald konnte ich die Kapitalgeschäfte nicht mehr mit meinem Sein vereinbaren. Ich hörte auf damit.“

Mit einer Goa-Party vollzog sich eine weitere Verwandlung. Alles wurde geschmückt und dekoriert und es wurde tagelang getanzt. Birgit und Kalla lernten sich kennen und lieben. Anderthalb Jahre später zog er dann ein. Seitdem wohnen immer wieder mal Leute mit den beiden im Jammertal, einiges wird dann zusammen angepackt. Der begrenzte Wasserrad-Strom ist ein verbindendes Element, da muss man sich abstimmen. Auch das Holz zum Heizen wird zusammen gemacht. „Dennoch haben wir hier kein richtiges Gemeinschaftsleben. Das hatte ich schon genug in meinem Leben. Wir teilen das Notwendigste und das, was sich von selbst ergibt. Ich mag es anarchistisch.“

Mir fällt auf, dass sich viele alternative Menschen in die abgelegenen Gegenden zurückziehen, weg von Mainstream und hohen Immobilienpreisen, hin zur Natur. An Orte, wo freie Gedankensprünge und Herzensprojekte mehr Raum finden als in der durchorganisierten Struktur der schönen neuen Welt, mit ihrer Leistungsgesellschaft und den Dogmen des ewigen Wachstums und Konkurrenzkampfes. Dort, wo es sich ungeniert träumen lässt, wo man mit Hausgeister:innen auf Du und Du geht und natürlich dort, wo sich in friedlicher Co-Existenz Fuchs und Hase Gute Nacht sagen. Aber ist das dann nicht ein Insulaner-Dasein? Ein Schneewittchen hinter den sieben Bergen-Theater, um das sich die Welt da draußen keinen Deut schert? Was sie gewiss nicht schlechter, aber auch nicht besser macht? Das habe ich mich schon oft gefragt und bin dabei zu unterschiedlichen Ergebnissen gekommen. Am Ende dieses Tages, kurz vor meinem Aufbruch, sollte Birgit mir auf genau diese Frage noch eine spannende Antwort liefern.

Um mich etwas nützlich zu fühlen, lasse ich mir eine Motorsense geben und mähe unökologisch und lautstark das Labyrinth, welches sich hinter Paul auf der Wiese befindet. Ich komme allerdings nicht weit, da das Werkzeug dafür nichts taugt. Egal. Der Weg, der sich in Kreisen wechselläufig zur heiligen Mitte windet, ist selten glatt gemäht. Ob im alten Kreta, bei den Wikingern oder in Afrika: Überall auf der Welt stößt man auf die komplexe Struktur des Labyrinthes, seit Tausenden von Jahren. *Ta pu At* heißt es in der Sprache der Hopi-Indianer. Überall diese Indianer! Mir scheint, als würden sie nach ihrer Unterwerfung nun auf geistigem Wege zum Gegenzug ausholen und hier in der alten Welt neues Land gewinnen. Auch hier sind es schon wieder 100 Quadratmeter. Und jede Menge Potenzial, ins Bewusstsein von noch mehr Bleichgesichtern zu springen. Ja, mich haben sie auch schon. Schon lange. Winnetou hieß der Held meiner Kindheit. Der Silbersee und sein Einzugsgebiet war der Ort meiner Sehnsucht. Damals wusste ich noch nicht, dass dieser gar nicht so weit weg im ehemaligen Jugoslawien liegt. Damals war ich also schon in eine gesellschaftliche Außenseiterspur getreten. Lauter Cowboys auf der Kinderfastnacht, nur einer war der Indianer. Das war nicht immer leicht. Erst viel später traf ich dann meine hellroten Brüder und Schwestern im Geiste. Wie auch hier mal wieder im fröhlichen Jammertal. Und übrigens: Archie Fire Lame Deer, Dieters indianischer Lehrer, ist auch hier gewesen! Er ging damals mit Birgit auf den Berg und sagte zu ihr: „Dies ist ein guter Ort und es ist gut, dass ihr hier seid und was ihr hier tut." Die Bewusstseinssamenspender überdauern die Zeiten in ihren Nischen. Das ist auch das Selbstverständnis von Birgit und Kalla mit ihrer kunstvollen Mühle im Jammertal. „Es ist gar nicht so wichtig wie viele Leute zur Ausstellung kommen. Es sind sowieso schon alle da! Wir machen das hier nicht fürs Publikum. Das Leben ist immer da. Wir schicken eine Information in den Äther, einen neuen Impuls, wie ein Buch in der kosmischen Bibliothek. Dort wird es wirksam. Jeder kann darauf zugreifen, wann immer er es will. Gedanke, Wort und Tat. Dann ist es vollzogen."

Das gibt mir eine zutiefst befriedigende Antwort auf die Frage nach der politischen Relevanz der Mauerblümchen in ihren ökologischen Randnischen. Wie Akupunkturnadeln setzen sie Impulse im Gesamtgefüge. „Ich kann nur wahrnehmen, was ich für möglich halte, alles andere funktioniert nicht. Und was ich für möglich halte, das entscheide ich selbst."

Damit ziehe ich von dannen. Ich denke, sie hat recht. Das Leben gibt ihr Recht, wie es auch Dieter, Klaus, Jutti, Hong und vielen anderen Lebenskünstlern recht gibt. Sie haben einen Traum, eine Vision. Sie glauben daran und dadurch beginnt sie zu existieren. Bisweilen wundersam fügen sich die Ereignisse zusammen und komponieren ein Theaterstück auf der Lebensbühne, welches funktioniert. Irgendwie. Mit Licht und Schatten und allem, was dazu gehört, bis der Vorhang fällt. Applaus für die, die am Ende mit ihrer Lebens-Improvisation zufrieden sind.

Rouven

MIT DEM FAHRRAD
VON HOF ZU HOF

„ANKOMMEN.
DAS IST DAS
ABENTEUER,
DAS ICH
GERADE
SUCHE."

Ich bin wieder aufgetaucht aus dem Jammertal und fahre Richtung Katzenelnbogen. Letzte Nacht gab es tatsächlich einen ziemlichen Katzenjammer im Tal. Ein betrunkener Kalla, der sich nachts um halb vier lauthals über das Unrecht um ihn herum beschwerte, polterte und randalierte, sodass Anna-Karin ihre Tür von innen verrammelte, weil sie sich an Jack Nicholson in *Shining* erinnert fühlte. Am Morgen saß Kalla dann verkatert mit getönter Brille am Frühstückstisch. Alle taten so, als wäre nichts gewesen, und alle wussten genau, dass es so nicht weitergehen konnte – auch Kalla, der Besserung gelobte.

Aber heute war Zusammenhalten angesagt: Der Mann vom Regionalfernsehen kam. TV Katzenelnbogen oder so. Ich war auch als Statist eingeplant. Wir alle trugen Masken über den Köpfen, irgendwas zwischen Kartoffelsack und Ku-Klux-Klan. Dann wuschen wir Kartoffeln und steckten sie in einen Feuerwehrschlauch. Jeder gab sein Bestes, inklusive Wolfgang, der Mann vom Fernsehen. Warum wir das taten, blieb Anna-Karins Geheimnis. Es war eben Kunst. Auch als sie in ein riesiges Entenkostüm schlüpfte und mit der Kollekte an uns vorbeilief und wir Kleingeld spendeten.

Danach musste ich dringend los, bevor die Mühlengeister meines Verstandes vollends habhaft werden konnten. Später stand ich auf dem Parkplatz vor dem Lidl, der aussah wie jeder Parkplatz vor jedem Lidl. Der langweiligste und seelenloseste Ort der Welt. Mangels Alternativen war ich sogar drin und hätte mich am liebsten ins Kühlregal übergeben, als ich dort das Billigfleisch von Tönnies und Konsorten gestapelt sah. Dazu die Anonymität der Leute, wo keiner keinen grüßt, und niemand lächelt. Auf den Landstraßen wurde ich von wilden Motorradfahrern überholt. Die hatten Ausgang, es war Samstag. Ich musste Limburg durchqueren und fühlte mich völlig verloren im Ameisenhaufen, der mit dicht gedrängten Ameisenstraßen in alle Richtungen mit anderen Ameisenhaufen verbunden war. Im Greenpeace-Heft stand, dass 36 % der Säugetiermasse auf dem Planeten Homo sapiens ausmache. Und 60 % die Nutztiere, die dazu benutzt werden, ihn so gut zu nähren, dass er sich weiter vermehren kann. Die restlichen 4 % entfallen auf die wild lebenden Säugetiere, also Nashorn, Hase, Maus, Leopard, Wildschwein und Co. Alle anderen eben. Das machte mich ziemlich fertig, zusammen mit einem normalen Samstagnachmittag in einem durchschnittlichen Stück Deutschland. Das Leben in der Jammertal-Mühle war verrückt. Aber das hier oben war wahnsinnig und im höchsten Maße unpersönlich. Ich glaubte nicht mehr an die Rettung der Welt. Es gab viel zu wenig Indianer, zu wenig Wildschweine und zu wenig Spinner. Die Legionen der Normalen trieben ihren Wahnsinn unaufhaltsam voran. Bald hätten sie 62 % Nutztiermasse plus 38 % Eigengewicht erreicht.

Ich fahre ab von der Bundesstraße Richtung Wetzlar, weil ich meinen Freund, den Fluss, tröstlich durchs Grün winken sehe. Wieder stehe ich unter einer Brücke, nur ist sie viel niedriger. Genau unter den Fahrbahnen springe ich ins Wasser, ich muss mir irgendwie den Pessimismus von der Pelle waschen. Als ich wieder hochklettere, steht ein junger dünner Mann mit blondem Zopf und einem Fahrrad, so vollgepackt wie ein tunesischer Maulesel, neben dem Paule. „Kann man hier gut baden?“, fragt er. Auch ein der Straße Müder. Wir erkennen uns sogleich als Artgenossen und beschließen, den Abend zusammen zu verleben.

Rouven ist 29 und kommt gerade von da, wo ich hinwill, aus der Nähe von Kassel. Er hat dort zwei Kommunen besucht. Davon lebt er nämlich: Er reist seit fünf Jahren kreuz und quer, arbeitet, isst und schläft in Gemeinschaftsprojekten. Als Zimmermann, als Lehmbauer oder im Garten. Nun will er der Lahn folgen, die Mosel runter, von dort aus weiter nordwestlich nach Belgien, wo eine Frau mit VW-Bus und Gitarre auf ihn wartet.

Er fährt mir mit seinem Fahrrad voraus und kundschaftet ein traumhaftes Plätzchen aus. Direkt hinter dem Klärwerk führt ein Waldweg am Fluss entlang, wo es alsbald eine kleine Terrasse in ausreichendem Abstand zur Bundesstraße und ihrem ewigen Gedröhne gibt. Ein paar Wasservögel florieren prächtig in der Abendsonne, in der der Blutweiderich blutrot vor den Weiden leuchtet. Ein schöner Moment für ein kühles

Helles, das ich aufploppe, während Rouven sein Nachtlager ausrollt. Anschließend macht er sich über sein aufgewärmtes Linsengericht mit Möhrchen aus dem Alutopf her und mag nicht von meinem Bier trinken, weil es nicht ohne Alkohol ist.

Er hat kurz vor dem Abitur den falschen Film gesehen, der ihn auf die schiefe Bahn, querfeldein gebracht hat, erzählt er. Weg von den Karriere-Highways, im Zickzackkurs durch den Randnischen-Flickerlteppich. *HOME* hieß der Dokumentarfilm von Yann Arthus-Bertrand. Da sah er die Welt von oben und das, was die Menschen mit ihr anstellten. Das gab ihm wohl zu denken. Es folgte ein freiwilliges ökologisches Jahr auf einem Ökohof in Frankreich. Wie könnte er leben, mit möglichst kleinem Fußabdruck seine geschlossenen Kreisläufe auf Erden ziehen? Warum sind wir Menschen so, wie wir sind? Wie könnte es anders sein? Er studierte Ethnologie. Währenddessen hing er aber mehr in Supermarkt-Containern und Gemeinschaftsgemüsegärten ab als im Hörsaal. Nach einer mehrwöchigen Reise nach Marokko war ihm klar, dass er fremde Kulturen nicht im Hörsaal kennenlernen kann. Und auch nicht das Leben und schon gar nicht sich selbst. „Immer mehr junge Leute studieren und immer weniger haben ihre Hände in der Erde. Wie soll es da einen lebendigen Bezug zur Umwelt geben?“, fragt er sich. Mein Bier ist alle, ich hätte gern noch eines. Alkoholfrei und bio.

Zwei Jahre ging er in die Zimmermannslehre. Das reichte zwar nicht aus, um nun selbstständig einen Dachstuhl bauen zu können, aber er lernte, mit Werkzeug umzugehen, und kreative Lösungen für alles Mögliche zu finden, was auf Höfen und in Gemeinschaften immer gefragt ist. Dann folgte er dem Ruf des Europäischen Solidaritätskorps und diente ein Jahr bei der Gemeinschaft Schloss Glarisegg in der Schweiz, wo er am einmonatigen Kurs „Ecovillage Design Education - Creating a Transformative Culture“ teilnahm. Hier traf er 53 weitere junge Menschen aus Europa und der Welt, die aus denselben Gründen wie er umgetrieben wurden. Mindestens die Hälfte von ihnen hatte ebenfalls kein festes Zuhause und lebte das Tagelöhnerleben auf Höfen ohne Tageslohn, von der Hand in den Mund. „Wir lernten, die eigenen Gefühlswelten zu erkunden, mit Possibility Management und anderen Social-Tools. Aber auch viel über ökologische, ökonomische und kulturelle Aspekte einer nachhaltigen Alternativ-Kultur. Gemeinwohl-Ökonomie, Solidarische Landwirtschaft, Permakultur und warum Kompostklos sinnvoll sind. All das, was es in den staatlichen Universitäten nicht gibt."

Ich verstehe ihn nur zu gut: Es gibt keine Kompostklos im öffentlichen Raum und dies ist ein Missstand, über den sich die Alternativen dieser Welt alle einig sind. Es wird keinen Frieden auf Erden geben können, solange wir unsere täglichen Geschäfte nicht mit Sägespänen versiegeln, auf dass sie nicht mehr zum Himmel stinken.

Ganz ohne Geld funktioniert Rouvens Nischen-Hopping allerdings auch nicht, zwei bis drei Monate bezahlte Arbeit im Jahr müssen es schon sein. Als Biogemüse-Erntehelfer, als FÖJ-Seminarleiter oder auf Baustellen verdient er die fünf- bis sechstausend Euro, die er für Krankenkasse, Zugtickets, seinen Linseneintopf und hier und da mal für gute Wollkleidung braucht. Von Italien bis Schweden, von Andalusien bis Rumänien zieht Rouven seine Kreise, trampend, mit der Bahn oder mit dem Fahrrad. Ein aufgeweckter, sensibler junger Mann, der viele Plätze alternativen Lebens gesehen hat, und dabei seinen immer noch sucht.

„Für mich ist das ständige Reisen so Alltag geworden, dass ich mich jetzt nach was Festem sehne. Ein Platz mit geregelten Bahnen, mit gleichbleibenden Gesichtern. Ankommen. Das ist das Abenteuer, das ich gerade suche."

Ein Specht hat ihm das gezwitschert, im Schwarzwald, bei der Arbeit auf dem Land der Sonnenwald-Gemeinschaft und ihrer Akademie für angewandtes gutes Leben. Rouven war an diesem Tag mit dem Abbau von Stacheldrahtzäunen beschäftigt, was einen Buntspecht, der wohl seinen Nachwuchs beschützen wollte, so sehr störte, dass er sich mächtig aufregte auf seinem Baum. Da wusste Rouven auch ein paar Tage später, dass er wieder einen Anpfiff bekommen würde an gleicher Stelle. Und so war es auch. Ihm wurde bewusst, dass man die Welt in der Weite wohl auf Rädern erfahren könne, in ihrer Tiefe aber nur durch Stehenbleiben und sich Einlassen. Über Wochen, Monate und Jahre auf einen Ort, wo man dann weiß, wo der Specht wohnt und sich wundert, wenn er mal nicht mehr da ist, wo man die Leute kennt. Ganz ähnlich hatte mir das auch Jutti berichtet, als Wermutstropfen des Nomadenlebens. Und ihr ebenfalls nicht unähnlich bringt Rouven den Wind von hier nach da. Er sieht sich als Vermittler, Verknüpfer von Menschen und Orten. „Ich kann gut übersetzen. Nicht nur von Sprache zu Sprache, sondern auch von Mensch zu Mensch, wo es so oft viele Missverständnisse gibt, obwohl ja eigentlich die gleiche Sprache benutzt wird. Meine Berufung ist wohl ein Wegbereiter zu sein. Und Wegbegleiter für andere. Mich erfüllt es sehr, zwischen den Welten und Generationen zu vermitteln, in ganz persönlichen Kontakten. Damit die Menschen die Angst voreinander verlieren. Durch mein Herumkommen habe ich viele Kontakte und kann Leute sinnvoll verknüpfen."

Vielleicht ist er ja ein paralleluniverseller Postbote. Ich könnte ihn mir tatsächlich gut in einer Briefträgeruniform vorstellen, auf gelbem Fahrrad. Aber das behalte ich für mich. Er wirkt sehr selbstreflektiert auf mich und weil er sich so bewusst differenziert auszudrücken vermag, entsteht in mir der subjektive Eindruck, dass es eine junge Generation von Umsteigern gibt, die den Älteren schon jetzt in gewisser Weise etwas voraushat. Vielleicht ist das Evolution. Evolution kultureller Art. Freilich fehlt noch die Erfahrung, wie sie die 50- und 60-Jährigen haben. Die Weisheit gelebter Lebensabschnitte kann man nicht erben. Dafür sehe ich bei Rouven besondere Fähigkeiten, die als Grundausstattung scheinbar schon serienmäßig veranlagt sind. Sie funken aber nur, wenn man sie auch entschlüsselt und abruft.

Wir schnacken noch über die verschiedenen Gemeinschaften, die wir schon kennengelernt haben, sie sind sich doch alle irgendwie ähnlich und gleichzeitig so verschieden. Manche wachsen mit voller Kraft nach vorn, andere straucheln und stecken fest. Auf alle Fälle werden es immer mehr, ständig gründen sich neue Projekte. Die Gemeinschaftsbewegung scheint eine politische Unterströmung zu sein, die leise, aber kontinuierlich Einfluss auf die Gesellschaft nimmt. Bis in den Lidl ist er allerdings noch nicht geschwappt.

Als Rouven mir Bilder zeigt von der Anlage eines riesigen Agro-Forstprojektes der Gemeinschaft im Schwarzwald, schöpfe ich wieder ein klein wenig Hoffnung, dass es die wilden Tiere wieder über die Fünf-Prozent-Hürde schaffen könnten, was eine echte Trendwende bedeuten würde. Das wäre etwas, auf dem sich aufbauen ließe.

Während unseres tiefsinnigen Gesprächs haben sich die Mücken mit unserem fair gehandelten Bioblut vollgesogen. Gutmenschlich, wie wir sind, gönnen wir es ihnen und wünschen uns eine gute Nacht. Morgen fahre ich zum Hof der Träume. Mal sehen, was da so geht.

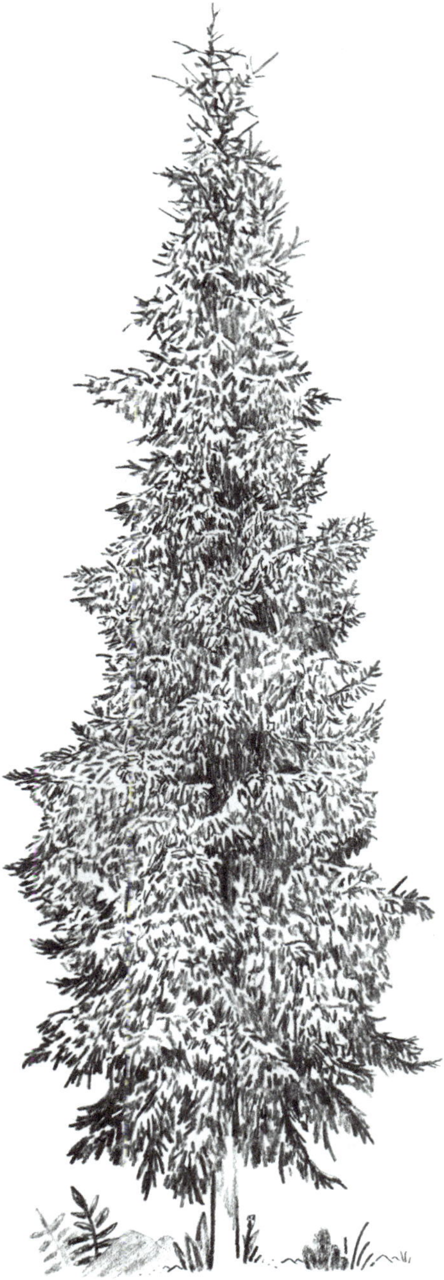

„Alles kommt zu dem, der warten kann."

SPORT-BJÖRN

HAUSMEISTER MIT TRÄUMEN

Ich wähle den Landweg nach Kassel, das heißt, keine Autobahn. Die macht Paule ohnehin nicht schneller. In Marburg verbringe ich meine allmorgendliche Maiswaffel-Haselnussmus-Kaffeepause und lese dabei in schlauen Büchern. Kaum habe ich meine Terrassentüren aufgeklappt, humpelt ein Mann mit Schirmmütze und Sportdress um die Ecke. „Ah, ein Düdo – langsam, aber gutmütig!" Damit meint er nicht mich, sondern Paul. Ein Kenner. Schon bin ich in ein Auto-Gespräch verstrickt. Nicht gerade mein Lieblingsthema. Für einen Fahrer solch eines Liebhaber-Stückes kenne ich mich entsetzlich wenig mit Hubräumen, Zylindern und anderen Innereien meines Gefährts aus. Aber ich kenne auch nicht die Darmlänge und die Nierenleistung meines Hundes und liebe ihn trotzdem. Der geschorene Sport-Billie mit den neongelben Turnschuhen ist mir recht sympathisch. Er hat einen T4 mit dem er heute für ein paar Tage losfahren wollte, aber jetzt könne er es wohl vergessen. Er zeigt auf seinen Knöchel, der auf Tennisballgröße angeschwollen ist. Er stellt mir viele Fragen nach dem Woher und dem Wohin und auf jede noch so mickrige Antwort von mir findet er drei neue Fragen. Mein Kaffee wird kalt und die Waffeln mürbe. So kann ich nicht lesen. Irgendwie kommen wir beide so nicht weiter, ich mit Frühstück und er nach Hause. Schließlich lade ich den lahmen Sportler in meinen Bus ein, der nicht Billie, sondern Björn heißt, und Hausmeister an der Grundschule ist. Ich fahre ihn die paar Kilometer nach Hause, für die er wohl den Rest des Tages gebraucht hätte. Dabei erzählt er mir, dass er auch davon träume, irgendwann alles hinter sich zu lassen und einfach mit seinem Bus loszuziehen, am liebsten auch mit einem größeren Format wie meinem. „Nach der Pensionierung, wenn ich dann noch fit bin." Also in gut 20 Jahren. Dafür hat Sport-Björn auch einen Kraftraum in seinem schuleigenen Hausmeisterhaus eingerichtet und läuft jeden Tag. Heute aber nicht mehr. Heute fährt ihn jemand, der seinen Rentnertraum schon mit 40 lebt, heim. Dort hat er es schön: Stadtrandlage, dahinter nur noch Wald und wenn keine Schule ist, absolute Ruhe. Ums Haus hat er einen kleinen Naturgarten angelegt, ein Beet mit Melde und ewigem Kohl gibt es auch. Ich frage mich, ob der Spruch „Alles kommt zu dem, der warten kann" nicht die Religionisierung einer Hinhaltetaktik ist. Der alleinstehende sportliche Hausmeister läuft, um fit zu bleiben, und bricht sich dabei den Fuß, um dann nicht in seinen Bus steigen zu können und zu verreisen. Ich glaube, Träume aufzuschieben ist gefährlich. Einfach weil am Bahnhof des Lebens laufend Züge abfahren und der Fahrplan mit fortschreitendem Alter dünner wird. Es kann sehr schwierig werden, sich zu verzeihen, wenn man zu spät erkennt, dass man nicht rechtzeitig aufgesprungen ist.

Björn lädt mich immer wieder ein, doch noch bei ihm einzukehren. Duschen? Wäsche waschen? Was essen? Fünf Euro für Sprit? Nein, danke, ich bin rundum versorgt, möchte meine schöne Flusswasser-Aura behalten. Aber ich erkläre mich bereit, mit ihm noch etwas Gitarre zu spielen. Er breitet seine Peter Bursch Gitarrenlernliedersammlung auf dem Boden aus. *Bad Moon Rising, Sloop John B., Dust in the wind.* Alles mit Anschlagmuster oder Zupfschema. Alles wird genauso gemacht, wie Peter Bursch, der Gitarrenlehrer der Nation, bevor es YouTube gab, es einst niedergeschrieben hat. Mir fiel das schon immer schwer. Ich spiel dann eines der Lieder, die 2-Akkord *Lady in Black*, mit einem willkürlichen Groove, den Björn sich sogleich abschauen möchte. „Wie machst du das? Einmal hoch, dann halb runter und abstoppen? Mit dem Lockern des Griffes mit der linken Hand oder mit der Handfläche der rechten? Oder mit beiden ein bisschen? Wie viel denn jeweils?“

Ich bin völlig überfragt. Ich weiß nicht, was ich da tue, aber es funktioniert wohl trotzdem. Es passiert intuitiv. Mein Sachverstand kommt da nicht mit und ist gerade mal wieder in der Pause, wo er sehr viel Zeit verbringt. Björn, der mal Geografie studiert hat, erklärt mir nach und nach, was ich da mache. Sobald ich aber anfange, darüber nachzudenken, macht meine Hand was anderes.

In der Schulzeit war das ein Handicap, da wurde meist nach Schablonen gearbeitet. Erst als ich mich selber freigelassen habe, konnte aus der Not die Tugend werden, die mich heute maßgeblich durch mein Leben trägt. Auf jeden Fall hätte ich auch gern einen Hausmeister wie Sport-Björn gehabt. So nett, heiter und mit einem Herzen für wilde Bienen. Die Hausmeister meiner Zeit waren eher grummelige Diener nach Vorschrift. Ich wünsche ihm gute Besserung, was auch immer das heißt, und lade ihn ein, einmal mit seinem T4 auf dem Reinighof zu parkieren.

NICOLA

DER HOF DER TRÄUME
UND DIE RAINBOW-FAMILY

„WE DON'T
BELIEVE IN
MIRACLES.
WE CREATE
THEM!"

Dann tröpfel ich mit vielen kleinen Stopps nach Norden, meine Badewanne heißt plötzlich nicht mehr Lahn, sondern Fulda, sonst bleibt alles beim Alten. Wälder, gelbe Felder, Wiesen und unzählige unbekannte Ortschaften. Mitten in einer Kurve in Vollmarshausen, vor den Toren Kassels, geht es in eine Hofeinfahrt. Sofort springen ein quietschfideler junger Mann in 80er-Jahre-Trainingshose, oben ohne und hintendrein ein etwas älterer, mit langem schwarzgrauen Zopf und einer Psychedelic-Rock-Gitarrenspieler-Aura hervor und winken mich in eine schmale Nische zwischen Sommerflieder und Kompostklos ein. Neben einem geklauten Bushaltestellenschild mit der Aufschrift „Neu-Holland" und einem Bienenkasten mache ich den Motor aus.
„Willkommen auf dem Hof der Träume!"
Sofort gibt es von den beiden Einwinkern warme Umarmungen.
Hier wird nicht lange gefremdelt.
„Ich bin Mo", stellt sich der Agile mit den kurzen schwarzen Haaren vor.
„Hi, ich bin Ben-Joe!", sagt der andere.
„Ben-Joe?", muss ich noch mal fragen.
„Banjo. Wie das Instrument." „Okay, passt."
Dann taucht meine Freundin Nicola auf. Ihre blonden Haare fallen wild vom Kopf, ihre Klamotten und ihre Gesamterscheinung überhaupt sind anders als noch vor einem Jahr, als sie drei Monate bei uns auf dem Reinighof hospitierte. Sie ist zum Hippie mutiert. „Wie schön! So unwirklich, dass du jetzt hier bist!", begrüßt sie mich fröhlich. Ihre pelzige Begleiterin Fleur begrüßt Mio hündisch leidenschaftlich.

In der Scheune steht hinter Bergen von Baumaterialien und Werkzeug Nicolas frisch aufgebauter Bauwagen, den sie sich hier mithilfe ihrer neuen Mitbewohner ausgebaut hat. Learning by Doing. Bald wird er in den Garten unter den Kirschbaum ziehen.

Die Zeit bei uns auf dem Hof hatte Folgen in Nicolas Biografie. Vorher arbeitete und lebte Nicola in der Stadt. Arbeiten tut sie zwar immer noch in Kassel in einer Behinderteneinrichtung als Ergo-Therapeutin, jedoch viel seltener. Ihr Leben ist nicht mehr so kostenintensiv. Die Wohnung hat sie gekündigt, ebenso wie ihre langjährige Beziehung. Es war ihr zu normal, zu eng, zu unlebendig geworden. Ihr Ex-Freund schrieb damals eine Droh-Mail an unseren gemeinnützigen Verein, wie wir nur einen psychisch so labilen Menschen wie Nicola vom rechten Weg abbringen konnten. Ich schau sie immer wieder an und sie wirkt glücklicher und entspannter denn je.

Sie zeigt mir den Garten und Banjo erklärt, dass meine wichtigste Aufgabe hier sei, die vielen Himbeeren zu verputzen, die überall wuchern. Der Garten zieht sich den Hang hoch, kreuz und quer blühen Blumen und Schmetterlingsflieder in Hülle und Fülle. Es gibt überdachte Schlafgelegenheiten, ein großes Baumhaus und das Gerippe eines Tipis. Also auch hier waren die roten Invasoren tätig. Der Hof mit Bauernhaus und Nebengebäuden, einer großen Scheune und mehreren Schuppen gehört Antje, der Partnerin von Banjo. Außerdem lebt ihr Sohn hier mit ihr, Marke mürrischer Teenager, der sich von seinem elterlichen Hippie-Umfeld mit Gangsta-Rap versucht zu emanzipieren. Antjes Onkel ist ein reicher Immobilienmakler und bot ihr an, „sich was Nettes rauszusuchen". Das hat sie getan und mittlerweile sechs Mitbewohner:innen um sich versammelt, die basteln, gärtnern, bauen, improvisieren, Musik machen und gern dicke Zigaretten dampfen.

Diese Woche laufen die Vorbereitungen für ein dreitägiges, rauschendes Fest. Man rechnet mit 100 bis 200 Leuten, keiner weiß es so genau. Wer, wie, wo und warum, vielleicht auch mit wem, schläft, wird sich ergeben. Dieser parallelweltliche Zirkus entfaltet sich inmitten des beschaulichen, gut sortierten Vollmarshausen. Als Dresscode gilt orientalische Gewandung. Angeblich ist die Partyeinladung auch im Verteiler der Rainbow Family gelandet. Das ist eine bunte Community, von denen ein Großteil von Gathering zu Gathering, wie sie ihre Treffen nennen, tingelt. Unplugged, in the middle of nowhere. Die Hartgesottenen unter den Rainbows behaupten, dass niemand Grund und Boden besitzen könne, und beschlagnahmen die Orte, die ihnen gefallen, gern ausgiebig für sich. Sie verabscheuen Plastikmüll und andere Errungenschaften von „Babylon". Alles ist Shiva oder Great Spirit oder die Große Mutter. Nur nicht der liebe Gott. Hierarchien und lineare Strukturen sind nicht angesagt, alles ist rund. Und so ziehen sie ihre Kreise auf dem selbstgemalten Regenbogenstrich und wenn sie erst mal da sind, weiß man nicht, wann ihr Herz oder Pacha Mama sie wieder weiter beordert. Mo drückt Befürchtungen aus, dass vielleicht doch zu viele Leute kommen könnten. „Es ist ja noch Corona ..." Ich freue mich auf ein spannendes Experiment. Die Hippies drehen auf, inmitten eines sauber gefegten, gutbürgerlichen Dorfes.

Schon treffen die ersten Regenbogen-Brothers and Sisters, wie sie einander nennen, ein. Der braun gebrannte Madu aus Frankreich, wohl deutlich über fünfzig und zugleich zeitlos. Er könnte auch direkt vom Dreh eines Piratenfilms kommen: braun gebrannter freier Oberkörper, kunstvoller schwarzer Schnurrbart, Zöpfchen und Rock mit Gürtel, an dem ein Messer, ein Holzlöffel und eine Blechtasse baumeln. Zwei frisch verliebte Schwergewichtshippies sind auch da. Ein seltener Anblick, die meisten sind rank und schlank. Er hat ein freundliches kleines Gesicht, was zwischen einem riesigen Bart und einer langen Matte hervorschaut. Wenn ich ihm einen Indianer-Namen verleihen dürfte, dann wohl Smoky Bear. Die beiden verdampfen einen Joint nach dem anderen, bis sie in der frisch gebauten Lehmsauna verschwinden, aus der alsbald fröhliches Grunzen und Quieken ertönt. Während am Lagerfeuer Rainbow-Songs von Madu, dem guten Piraten, gesungen werden, startet eine anmutige Frau von germanischer Gestalt in indischer Gewandung, den Arbeitseinsatz zum Aufbau des Festes. Sie stellt sich mir mit einer warmen Umarmung vor. Ich verstehe ihren Namen nicht recht, er klingt wie ‚Klangschali'.

Als ich aus der Regenwassertonne eine winzige Wildbiene fische, die sich im Todeskampf auf den Rücken einer Wanze gerettet hat, die durch meinen Eingriff nun ebenfalls die Chance auf einen Neuanfang bekommt, drängt sich mir auch wieder die alte Frage auf: Wozu das alles? Ist das, was ich und die anderen Randnischenfreaks so tun, ein aktiver Beitrag zur Beendigung des Artensterbens, oder nur sentimentaler Selbstzweck? Machen wir Träumer die Welt besser oder dient unsere Weltverbesserei nur der eigenen Extravaganz, getreu dem Pipi Langstrumpf-Motto: „Ich mach mir die Welt, wie sie mir gefällt ..." Aber warum denn auch nicht? Ein bisschen mehr Taka Tuka Land-Mentalität würde die Welt sicherlich nicht schlechter machen, wohl ganz am Gegenteil. Sie wäre definitiv friedlicher, die Fortschritts-Autobahn würde zur Tempo-30-Zone und dank der schmalen Kost und viel Luft und Liebe gäbe es weniger Gewichtsprobleme.

Die Schmetterlinge jedenfalls fühlen sich hier sehr zu Hause. Und ich mich auch. Überall gaukeln sie durch die Luft, landen auf meiner Maiswaffel und schweben schwerelos durch die Wolken von Grasgeruch und Räucherstäbchen. Von Insektensterben kann hier zumindest keine Rede sein. Vielleicht haben sich auch alle Flattermänner aus dem Großraum Kassel versammelt, weil sie hier willkommen sind – und es so viel Schmetterlingsflieder gibt. In den Playmobil-Gärten drumherum ist jedenfalls nichts los, da summt einzig der Rasenmähroboter und der Heckentrimmer. Vom Hof nebenan muht es ab und zu aus dem Stall. Was Erich Krüger wohl zu alledem sagen würde? Der emsige Einsiedler, der in jungen Jahren zumindest optisch hier so gut her gepasst hätte.

Die offenherzige Gastfreundschaft der Hof der Träume-Bewohner ist allemal rührend. Man ist da und man ist willkommen, Erwartungen und hergebrachte Etiketten scheint es keine zu geben. Vielleicht gibt es hier aber auch die ganz eigenen Etiketten: keine Kippe ins heilige Feuer, Händchenhalten im Kreis vorm Essen und sanfte Umarmungen statt festem Händedruck. Grundlegend wird auf die Achtsamkeit des Einzelnen gesetzt, den freiwilligen Beitrag und das Vertrauen ins Universum, das den Rest dann schon richten wird. Wäre die ganze Welt ein Hof der Träume, wäre wohl vieles einfacher. Sicherheitsmaßnahmen, Zäune und Kontrollen wären jedenfalls überflüssig. Wahrscheinlich würde es langsam, aber sicher wieder Richtung Steinzeit gehen, aber friedlich bliebe es auf jeden Fall, solange genug Gras für alle da wäre. Smoky Bear kommt zu mir. „Hey Brother, kannst du mir nen Zehner Weed verkaufen?" Ich verneine. Kurz darauf reist er mit seiner Squaw wieder ab, ich hoffe nicht, weil ihm der Rohstoff ausgegangen ist.

Am nächsten Morgen ist Nicolas großer Tag: Ihr Bauwagen wird vom Nachbarbauern aufs Grundstück gezogen. Der Seniorbauer fährt den Trecker, der Junior, der ihm sehr ähnlichsieht (beiden haben exakt die gleiche Mähdrescher-Frisur), winkt und dirigiert durch die schmale Lücke im Zaun und an den Birnbäumen vorbei. Um den blumig geschmückten Wagen wuseln bunte Freaks umher. Sie räuchern wie wild und blasen auf Muschelhörnern, bis der Senior-Bauer einen Schrei loslässt, dass er den Junior-Bauern so weder hören noch sehen könne.

Madu hat heute einen orangefarbenen Frack an, der ihn, mit der an einer Schnur befestigten Brille, die ihm auf der Brust hängt, aussehen lässt wie einen buddhistischen Chefarzt. Mit dem flüchtigen Lächeln eines angehenden Weisen beobachtet er die Szenerie in aller Stille. Nicola laufen Tränen übers Gesicht. Der Traum, mit dem Wagen im Garten zu wohnen, hat sich hiermit manifestiert. Als der Wagen steht, fällt man sich glücklich in die Arme. Großes Gefühlskino. Die beiden Bauern geben sich dabei alle Mühe, den räumlichen und emotionalen Sicherheitsabstand zu wahren. Der Einladung zum Frühstück mit Tiramisu und Jägermeister versuchen sie jedoch erfolglos zu entgehen. Auf die gute Nachbarschaft!

Nach der dritten Nacht mit viel zu wenig Schlaf parke ich Paule um. Oberhalb des Gartengrundstücks, jenseits eines Weizenfeldes wie aus der Kelloggs-Werbung, finde ich eine grüne, ruhige Nische abseits vom nächtlichen Mantratrubel. Mittlerweile haben nämlich Shiva und Krishna Einzug gehalten und den mir lieb gewonnenen Tunkashila, den großen Geist des roten Mannes, vertrieben. Ich mag diesen ungleich ruhigeren Vertreter wesentlich mehr als die beiden indischen Götter, die sich von morgens bis abends lauthals lobpreisen lassen. Mithilfe eines kleinen, leiernden Kastens namens Shrutibox, eine Art Schifferklavier auf indisch, singen ihre getreuen Jünger alte Sanskrit-Verse. Diese wiederholen sich öfter als ein Refrain von Helene Fischer oder Hansi Hinterseher. In der letzten Nacht habe ich nach gefühlten 500 Mal Hare Krishna damit geliebäugelt, ein anti-religiös motiviertes Attentat zu begehen.

Ein satter Strahl aus meinem Lingam ins Feuer hätte mich aber wahrscheinlich selbigen gekostet. Und dann ist da ja auch noch meine Zuneigung für die schönen Menschen, die sich mit diesen Gesängen in pure Liebe hüllen, und so die Welt und sich zu heilen gedenken, die mich davon abhielt, meiner dunklen Seite freien Lauf zu lassen.

Auf einem Spaziergang durch die Felder auf dem Hochplateau treffe ich Madu. Er murmelt indische Gebete und hat seine Hand in einer Art Verband, welcher wohl irgendeine religiöse Bedeutung hat. Er ist ein Herzensmensch. Frieden und Güte strahlen von ihm aus, Einfachheit und etwas, was ich als Urmenschliches bezeichnen möchte. „Your dog has a good energy. Really, so beautyful. Little bit like you. Same, same! Maybe he is your soul brother." Mio und ich schauen uns an. Seelenbrüder? Warum nicht. ‚Wie de Herr, so es Gscherr', wie man in der Pfalz sagt.

Madu erzählt mir, dass er aus Algerien kommt und von einem Berber-Stamm abstammt. Wüstennomaden, heute allerdings weitestgehend dem, was wir moderne Welt nennen, einverleibt. Doch er lebt immer noch als Nomade, zieht von Ort zu Ort, von Gathering zu Gathering, von Hof zu Hof, wohin der Wind ihn weht. Lange war er in Indien und hat dort zum Buddhismus gefunden. Nun ist er in der Rainbow-Welt zu Hause. Dort findet er, was in den Tiefen seiner Berberseele sich wie zu Hause anfühlt: Stammesleben. Wenn auch immer nur auf Zeit und in ständig wechselnden Konstellationen, leben die Menschen in der Natur zusammen, sitzen auf dem Boden im Kreis ums Feuer, teilen ihr Essen, ihre Lieder und ihre Liebe. Madu wirkt auf mich wie einer, der seinen Platz in der Mitte des Universums gefunden hat, einer, der nicht viel braucht, aber viel zu geben hat. In seiner Gegenwart fühle ich mich wohl. Früher hätte man ihn vielleicht als heiligen Mann seiner Gemeinschaft bezeichnet. Ein Wanderer, ein Vagabund im besten Sinne. Aber wer weiß, vielleicht ist das auch nur meine Wunschprojektion.

Derweil verwandelt sich der Hof der Träume zunehmend: Bunte Tücher sind aufgespannt, Bänder hängen wie schwerelos vom Himmel herab, ein orientalisches Chai-Zelt mit Kuschelgarantie steht im Innenhof. Auf einem alten Wagen befindet sich eine offene Bühne und aus einem Schuppen ist ein Dancefloor geworden. Die Hofeinfahrt wird nun von einem längs geparkten, ausrangierten Omnibus versperrt. Er ist lila-blau und weiß und darauf steht *Der fahrende Tempel*. Mit ihm herbei geschwebt ist ein großer, hagerer Mann mit ganz kurzen Haaren und Brille und der Ausstrahlung eines katholischen Geistlichen. Er steckt in weißen Leinenkleidern, irgendwo zwischen Hippie-Stil und Heiligengewand. Ganz anders als bei dem dezenten Madu, ist mir seine ‚ich bin ein spiritueller Mann'-Ausstrahlung jenseits rationaler Erklärungen irgendwie suspekt. Es dauert nicht lange, da hat er seine Shruti-Box aufgeklappt und frönt seinen Göttern. Um ihn her noch ein paar treue Jünger, die anstelle von Friedenspfeifen Chillums rauchen, bis ihnen der Rauch aus den Ohren kommt wie aus dem Schornstein der Lokomotive Emma auf ihrem Weg durchs Lummerland. Mit ihm reist eine quietschfidele Engländerin namens Violett, die den vielleicht orientalischsten Einschlag von allen hier hat. Mit ihr zusammen stopfe ich altes Stroh in Säcke, welches vom oberen Heuboden auf den darunter befindlichen, bereits leeren, geworfen wird. Wir haben sehr viel Spaß zusammen. Vielleicht zu viel. Denn nachdem sie dann auch noch an einer lustigen Zigarette zieht, wird sie vom Hohepriester in den fahrenden Tempel verbannt. Zur Beichte, wie ich vermute, denn ihren vagen Andeutungen entnehme ich, dass er ihr wohl behilflich sei, ihr sündiges Leben zu verändern. Vielleicht ist er aber auch bloß eifersüchtig. Während wir das Stroh in alte Kartoffelsäcke stopften, hörten wir irgendwann etwas Schwereres als die trockenen Halme in einen der über hundert Säcke fallen. Vermutlich ein Stein, dachten wir. Ungezählte Säcke später wurde dann klar, was es war: das Handy des mürrischen Jugendlichen, der mit Gangsta-Rap seinem Hippie-Kind-Schicksal entkommen will. Er hatte von oben Stroh hinunter gereicht und dabei die Höchststrafe eines Jugendlichen dieser Tage erlitten: Handyverlust. Es war wie die Amputation seines externen Zweitgehirnes. Die Suche nach der Stecknadel im Heuhaufen begann.

Indes kommen immer mehr Leute an. Die meisten kennen sich oder kennen jemanden, der jemanden kennt, den sie kennen. Ich freue mich an all diesen Individualisten mit viel Sinn für Gemeinschaft. Hier wird nicht lange gefremdelt, hier wird auch nicht so getan, als ob. Hier ist man, wie man ist, und nimmt die anderen gern so an, wie sie sind. Eine eigene, zwischen dem Asphalt blühende Subkultur, bunt und kreativ, deren gemeinsames Ideal wohl nicht mehr oder weniger als die bedingungslose Liebe ist - oder zumindest der Weg dorthin. Immer wieder entdecke ich zwischendrin Antje und Banjo, die zufrieden strahlen, weil sich der Traum vom 1001-Nacht-Fest nun fast wie von selbst so entfaltet, wie sie es sich vorgestellt haben. Mo ist, nachdem er am frühen Nachmittag ausgeschlafen hat, unermüdlich am Dekorieren. Klangschali, Karl und auch der gerade wieder eingetroffene Philipp, ebenfalls einer der Bewohner, organisieren das kreative Chaos auf sehr entspannte und zugleich zielstrebige Art und Weise. Es riecht nach exotischen Gewürzen und spätestens, als von irgendwoher aus der Nachbarschaft der Geruch von gegrilltem Fleisch herüberweht, habe ich das Gefühl, in Indien zu sein, zwischen Chillum rauchenden Shiva-Babas und heißem Chai.

DAS FEST

Am Abend beginnt das Fest mit einem Ritual der Hofbewohner. Zu siebt sitzen sie im Kreis und zünden das Feuer gemeinsam an. Die anderen Menschen befinden sich in einem größeren Kreis drumherum. Mit schönen Worten öffnet sich dann der „Inner Circle" und lässt den äußeren ein, um die nächsten drei Tage hier gemeinsam das Leben zu feiern. Eine Welle der Liebe durchflutet mich, die sich einzig am fahrenden Tempel bricht. Wohl nötig, um nicht vor zu viel Harmonie zu universellem Haferschleim zu zerlaufen, wie es ihn hier allmorgendlich zum Frühstück unter dem Decknamen Porridge gibt.

Die vielen Kinder hier wirken wild und frei, so wie es auch die Erwachsenen gerne sein mögen. Endlich finden auch die Himbeeren ihre Abnehmer - und die Schokolade, die in der hausinternen Speisekammer gebunkert war. Vier leere Packungen Ritter Sport – natürlich will es keiner

gewesen sein. Die Kinder drehen indes voll auf, sie brauchen keinen Kaffee oder Marihuana, Kakao und Zucker tun es auch in dem Alter.

Unter dem Baumhaus an der dicken Eiche baumelt nun die demontierte Hüpffläche des Trampolins als fliegender Teppich. Mir erscheint der ganze Hof als schwebender Bettvorleger. Samtweiche Harmonie hebt die nackten Füßchen dreißig Zentimeter über das Pflaster. Die Krishna-Front gibt nun richtig Gas, diesmal elektrisch verstärkt auf der open stage. Mir als braver Heide ist das einfach zu religiös. Leider ist auch mein heiliger Berber Madu konvertiert, er sitzt am E-Bass. Dann nimmt er die Klarinette, dann die Klampfe, dann die Trommel. Er scheint sich an jedem Instrument zu Hause zu fühlen.

Als es dunkel wird, steigt die von einem dünnen, krummen Männlein mit der E-Gitarre begleitete Feuershow. Klangschali beeindruckt schwer mit Pois und Reifen, und würde sie diese Performance auf dem Feuerwehrfest in Lirstal anbieten, würde man ihr viel Geld dafür hinblättern. Hier indes, bei dieser Fusion an hoch kreativen, musisch geküssten Öko-Freaks, hat so ziemlich jeder mindestens zwei oder drei Special-Skills, einfach weil es in seiner Natur liegt und er sich wie auch immer die Zeit zum Üben leisten kann. Nach Klangschali springt ein wilde Affengeräusche ausstoßender junger Mann in den Ring. Aufgeplusterte Pumphose, Oberkörper frei, wallendes Haar und stolzer Bart, der seinen noch sehr jugendlichen Zügen nur so halb recht zu Gesicht stehen will. Er gibt richtig Gas. Wild und schnell und expressionistisch. Ein Mann für den Mittelpunkt. Ein Rampenkeiler. Früher, nach altkeltischer Tradition, hätte man ihm ein Geweih aufgesetzt, ihn zum Sonnenhirschen gekrönt und die blumengeschmückten Jungfrauen beglücken lassen, um ihn dann in stillem Einvernehmen ehrenvoll den Göttern zu opfern, auf das es ein fruchtbares Jahr werde. Heute ist es ähnlich, nur ohne Geweih und ohne Opfer. Danach gibt er den Ring frei für andere Jungbullen, die sich versuchen wollen, doch ist es nach der gezeigten, wirklich sehr gelungenen Balzvorstellung ein eher mickriges Gebaren. Aber hier blamiert sich keiner, hier wird jeder geliebt, der sich traut, zumindest platonisch. Dann aber geht plötzlich ein Raunen durchs Publikum. Ein kräftiger, noch brauner gebrannter, noch kapitalerer Hirsch betritt die Arena. Mit brennendem Stab und der mega-energetischen Performance, die er damit vollführt, macht er dem jungen Sonnenhirschen große Kulleraugen. Der Feuerschwinger liefert unaufgeregt seine Show ab und lässt keinen Zweifel daran, dass er der Silberrücken in der Gruppe ist.

Silberrücken ist so einer, der es in dieser Art von Gesellschaft zu etwas gebracht hat. Er macht nicht nur die beste Feuershow, er trommelt auch wie ein Buschmann, quetscht die Shruti-Box wie ein Brahmane und macht Yoga-Übungen wie Yogi-Bär. Er verbringt die kalte Jahreszeit in Indien oder auf Bali, kauft dort günstig Hippie-Klamotten, die er im Sommer auf Festivals teuer verkauft. Davon lebt er. Ein erfolgreicher Trader in der Kunterbunt-Welt.

Ich persönlich komme mir hier schrecklich normal vor. Ein alternativer Randnischenfreak unter alternativen Randnischenfreaks. Würde ich hier jedes Mauerblümchen beschreiben, würde sich eine Enzyklopädie der soziokulturellen Randnischen-Botanik füllen. Dafür bleibt mir keine Zeit. Ich purzele von einer Begegnung zur nächsten. Bleibe ich bei einer Pflanze zu lange hängen, verpasse ich die ganze Wiese und deswegen entscheide ich mich, nicht zu sehr die Individuen, sondern viel mehr das Biotop als Ganzes zu beschreiben: Es ist bunt, es ist klangvoll, es riecht nach würzigem Rauch und es ist so, wie es sich wohl keiner, der gut bürgerlichen Nachbarn erträumen lässt. Ja, es bedient viele Klischees, und gleichzeitig löst es sie immer wieder in ihre Bestandteile auf. Ich fühle mich wie Chewbacca, dieser Bären-Hunde-Yeti von Star-Wars, in der Taverne auf dem Planeten Tatooine, wo sich jegliches Weltraumvolk auf ein Bier oder ein psychedelisches Tröpflein trifft. Viele bunte Wesen, die in vielen bunten Welten leben und nun einen dicken Farbtupfer ins nordhessische Fachwerk-Schwarz-Weiß klecksen. Meinem Seelenbruder und seiner hündischen Natur tut das hier auch sehr gut. Er darf Tofu-Würstchen klauen und bekommt dafür noch seinen haarigen Hintern getätschelt. Ja, hier ist die Welt in Ordnung, zumindest ein paar Tage lang. So treibt das grelle Narrenschiff durch die Nacht dahin. Immer mehr Leute tauchen auf, woher auch immer. Es gibt sie, und sie sind mitten unter uns. Und wenn sie sich versammeln zum Feiern, dann dehnt sich das Universum, biegt und windet sich vor Freude.

WIE ICH EINST IN EINE PARALLELWELT PURZELTE

Meinen ersten Zutritt in diese Anderswelt hatte ich zufällig und völlig ahnungslos. Ich war damals noch ein etwas verlegener True Heart Metaller, hatte gerade mein erstes Auto und fuhr mit meinem Headbanger-Kumpel Lufti durch den verschneiten Pfälzer Wald. Da sollte so eine Art Festival sein, mitten im Wald, mitten im Winter – klang seltsam genug für uns, um dort hinzufahren. Wir parkten in der Abenddämmerung unter von Schnee gebeugten Fichtenzweigen und stapften den Spuren im Schnee nach. Bald kamen wir an abenteuerlich ausgebauten Fahrzeugen vorbei. Abenteuerlich, weil einerseits so bunt und mit qualmenden Ofenrohren, die aus den Dächern ragten, andererseits, weil sie so aussahen, als würden sie beim nächsten Schlagloch einfach auseinanderfallen. Mit unserer schwarzen Metalkluft am Leib und zwei Flaschen Wein in den Händen trafen wir dann auf einen merkwürdigen Typen, der eine Art Kameltreibergewand für norwegische Verhältnisse trug. Seine Filzbommeln hingen wie Schnüre von seinem bärtigen Kopf herab und allerhand Krimskrams war daran befestigt. Er roch wie ein fleischgewordenes Räucherstäbchen. „Hey Welcome, Brother!", sagte er, breitete seine Arme aus und drückte mich an seinen Busen. Stocksteif ließ ich es geschehen. Ich war es damals keineswegs gewohnt, Umarmungen von Männern zu erhalten. Ein fester Händedruck war das Zärtlichste, was in meinem Sozialgefüge so üblich war. Ich hielt die Luft an. Der Kerl ließ einfach nicht wieder los. „So schön. So schöööön ...", flüsterte er und brummte behaglich. Lufti brachte sich derweil in einen großzügigen Sicherheitsabstand. Als der Filzbommel mich endlich wieder freigab, entdeckte er die Weinflaschen in meiner Hand. „Oh, shit. Was ist das?" „Dornfelder. Aus Rheinhessen. Rhoihesse Woi bringt Sunneschoi!", gab ich freundlich Auskunft. „Ey Bruder, das geht hier gar nicht. No alcohol, no drugs at the rainbow." „???" „Please.

Respect the family!" Ich wusste nicht recht, wie mir geschah, als er mir die Flaschen aus der Hand nahm und sie ins Gesträuch legte. Damals noch recht schüchtern, blieb ich sprachlos und Lufti erst recht. „Ihr könnt sie ja wieder mitnehmen, wenn ihr geht", versicherte er mir noch und verschwand dann in einem der Busse, aus dem ein süßlich-würziger Duft strömte. Ratlos trotteten wir weiter. Wahrscheinlich wartete er nur darauf, dass wir hinter der nächsten Ecke verschwunden waren, um sich dann selbst den guten Dornfelder schmecken zu lassen, mutmaßten wir, trauten uns aber auch nicht in den Widerstand zu gehen. So kamen wir zu einer schneegeweißten Lichtung, auf der ein echtes Indiander-Tipi leuchtete. Wir hörten das Sprudeln einer Quelle und einen himmlischen Gesang, der uns Metallern gleichzeitig aus der falschen Richtung zu kommen schien und uns doch irgendwie anzog. So betraten wir aufgeregt das Wärme versprechende Zelt und da saßen sie: die kunterbunten Leute, die ich nur aus Fernsehdokus über die Sechziger und von vielen Klischee-Storys her kannte. In drei Kreisen eng aneinandergepresst, um das lodernde Feuer in der Mitte. Indische Stoffe und Schafwolle, entweder bunt oder in den Naturfarben des Waldes. Und wir beide betraten den Raum als schwarze Schafe. Eine schöne „Schwester" hatte wohl Mitleid mit mir und rutschte ein Stück beiseite, sodass ich gerade so in die Lücke passte, meinen Schenkel an dem ihren. So wurden Lufti und ich separiert. Mein letzter sozialer Halt ging mir flöten und ich saß völlig überfordert in einem fremden Raumschiff, von dem ich nicht wusste, wohin es flog. Eine Frau mit unglaublich langen Haaren, die aussah, als wäre sie aus dem damals noch nicht verfilmten Herrn der Ringe entstiegen, schlug die Gitarre und alle sangen mit. Manche mit Händen auf dem Herzen, strahlend wie ein bekifftes Honigkuchenpferd.

„Krishna, Krishna, Hare, Hare. Hare Krishna, Hare Krishna ..." Immer wieder. Unablässig. Mal wild und laut, dann wieder leise und schnulzig. Keine Ahnung von indischer Mythologie, mutmaßte ich, dass ich in einer Sekte gelandet wäre, deren Guru ein gewisser Harry Krischner war. Ich schaute mich um, wer es denn wohl sein könnte, konnte aber keine hierarchischen Strukturen erkennen. Ab und an kamen vermeintliche Leckerbissen vorbei, wie Rosinen oder furztrockene Weizenfladen, Japarti genannt. Sie wurden im Kreis herum gereicht und gefeiert, als wären es Ferrero Küsschen oder Döner. Apropos Küsschen: Tatsächlich gingen da auch welche im Kreis herum. Einer hatte begonnen, seine Nachbarin auf die Wange zu küssen und die gab die Zuwendung nach dem Stille-Post-Prinzip weiter. Nun gut, das könnte ich mir wohl gefallen lassen, denn die schöne Frau neben mir, zu der ich kaum hinüberzuschauen wagte, müsste ja dann mir „zuflüstern". Wohlgemerkt war ich damals ziemlich unterküsst, lebte in einer eher männlich dominierten Subkultur und hatte hier und da ein paar Komplexe. Aber so kam es dann tatsächlich, dass sich ihre warmen Lippen meiner Wange näherten. Mit geschlossenen Augen nahm ich die Liebkosung hin. Kurz träumte ich ihr noch nach und fantasierte noch mehr hinzu, als mich von der anderen Seite her jemand anstieß. „Weitergeben!", sagte der recht abgehangene Alt-68er neben mir und streckte mir seine stoppelige Wange entgegen. Ich kniff die Augen zu, biss die Zähne zusammen und tat, was ich tun musste.

So nahm diese Nacht ihren Lauf. Es wurde gesungen und getrommelt und kaum geredet. Irgendwann kamen dann auch englische Texte, wie „Fly like an Eagle" (da kannte ich auch einen Metalsong, der so hieß, allerdings war die Melodie ganz anders ...) oder „The river is flowing and growing". Vielleicht waren es die Rosinen, vielleicht auch die Räucherstäbchen, die wie die Küsschen ab und an vorbei schwirrten: Irgendwie geschah etwas mit mir. Ich bemerkte, wie mein Körper zu wippen begann und meine Lippen sich zum Gesang öffnen wollten, nur mein Verstand, voll von Prinzipien und Angst vor Unbekanntem, leistete noch Widerstand.

Irgendwann schlüpften Lufti und ich wieder hinaus in den Schnee und unter die kalten Sterne. Unsere Augen leuchteten, unsere Münder schwiegen. In einer Art kleiner Jurte fanden wir einen Platz zum Pennen. In der Mitte brannte ein Feuer, der Rauch zog schlecht ab und ein paar andere Kerle rollten eine dicke Zigarette nach der anderen, sodass der Rauchteppich mit jedem Ausatmen einen bedrohlichen Zentimeter tiefer zu sinken schien.

Am nächsten Morgen erwachten wir und fühlten uns beide ein Stück weit wie neu geboren. Zum Frühstück, so gegen ein Uhr mittags, gab es grauenvollen Porridge, von einer gütigen Schwester noch mit Honigwasser versüßt. Mit kalten Füßen standen wir ums Feuer, es wurde gesungen und ge-omt und wenngleich die Pampe auch nicht schmeckte, so bekam uns doch die ganze Art und Weise des Miteinanders dieser landläufig oft als Hippies bezeichneten Menschen sehr vorzüglich. Ja, wir hatten einen Kulturschock erlitten, so viel stand fest. Und von dem mussten wir uns erst einmal erholen.

Als wir dann das Lager im Winterwald verließen, ertappten wir uns dabei, wie wir auf der Rückfahrt im kleinen roten Auto statt Fear of the Dark aus voller Brust Shiva Shiva Shambo sangen. Und den Wein hatten wir auch wiedergefunden.

Gewissermaßen war dies ein kulturelles Schlüsselerlebnis. Wir hatten Leute aus unserer Kreisstadt Worms kennengelernt, die in einer ehemaligen Fabrik wohnten, und sich einmal in der Woche zum „Kreis“ trafen, wo geräuchert, gechantet, geredet und umarmt wurde. Irgendwie erschien uns dieses Miteinander wärmer und wahrhaftiger als das, das wir zuvor gekannt hatten. Auch der Respekt und die Liebe zur Natur ließen mich diesen Leuten sehr verbunden fühlen. Und außerdem gab es hier die schönsten Frauen. So tauschte ich bald meine schwarze Metalkluft gegen meist grün und braune Woll- und Leinenklamotten ein. Und um Mutter Erde und ab und an auch Shiva im Himmel zu preisen, lernte ich Gitarre spielen. (Und vielleicht auch, um bei den schönen Elfinnen zu punkten …)

JE SPÄTER DER ABEND, DESTO SCHÖNER DIE GÄSTE

Irgendwann steht die Polizei vor der Tür, also hinter dem fahrenden Tempel, in dem wohl immer noch die arme Violett Buße tun muss. Irgendeinem Nachbarn wurde es dann doch zu bunt. Leider wollen die Beamten nicht reinkommen. – Ich hätte so gern ihre Gesichter gesehen! Ich mag es, wenn Welten kollidieren. Die Tanzparty wird in den Stall verlagert, ansonsten gibt es weiter Hare Krishna and friends ums Feuer bis zum Morgengrauen. Erst ein satter Regenguss verscheucht die Gemeinde. Fast. Zwei zutiefst ergriffene junge Männer ziehen sich nackt aus, trommeln, rasseln, tanzen und singen ohne Unterlass „Erde, meine Mutter! Himmel, mein Vater!“, während ihre Lingams rhythmisch im Regen wippen.

Auch ich will nicht ins Bett. Mit dem letzten Rest des Gesindels lagere ich wild durcheinander gewürfelt in und um das Chai-Zelt. Es wird kuschelig. Und hell. Und verraucht. Die unverwüstlichsten Piraten kichern hustend vor sich hin. Eine filzgelockte Dame schmiegt sich an mich und erzählt mir von ihrem polyamoren Liebesleben. Wie es doch immer wieder enttäuschend enden muss, wenn man in einem einzigen Menschen die Erfüllung all seiner Bedürfnisse vermutet. Für sie ist die Viellieberei der Weg zur fortlaufenden Beglückung. Ich kann sie gut verstehen, einer oder eine für alles und immer und auf ewig hat bei mir auch noch nie funktioniert. Jedoch hat auch das mehrere für alles und jeden seine Widerhaken. Die Nettozeit anstrengender Koalitionsgespräche jedenfalls scheint dabei auch nicht weniger zu werden. Und außerdem erfordert es ein großes logistisches Geschick, drei bis vier Liebesbeziehungen plus diverser Affären unter eine Decke zu bekommen oder zumindest unter einen Hut. Irgendwie sind wir uns beide einig, dass jeder Weg holprige Tendenzen aufweist. Nachdem wir die Theorie durch haben, lädt sie mich zum Kuscheln ein - und zwar in mein Bett. Ich bin mir unsicher. Mein Forschergeist winkt sogleich mit der Messlatte, der Rest, der von meiner Vernunft morgens um halb sieben noch übrig ist, warnt vor Komplikationen und droht mit Reue nach dem Erwachen. Der Vergleich endet unentschieden ...

Ich wache auf wie aus einem Traum. Das Fest war rauschend und rauscht nach. Nicola hat erfolgreich die erste Nacht in ihrem Bauwagen verbracht. Sie hat einen traumhaften Ort gefunden. Wie lange dieser Traum dauern wird, bleibt wie in allen Träumen ungewiss. Andererseits spielt der Zeitfaktor in diesen Gefilden auch keine Rolle. Es ist wie es ist, es ist hier und jetzt und die Quantenphilosophie behauptet, dass Zeit nicht linear ist, sondern in alle Richtungen gleichzeitig wirkt. Om Namah Shivaya.

Ich mache einen Spaziergang durch die Felder. Weit schweift der Blick über das Tal, in dem sich Kassel ausbreitet, so nah und doch so fern. Der patriarchale Herkules wacht mit dicken Armen über den Ameisenhaufen. Wie immer geht Mio ohne Leine. Er ist absoluter Pazifist, für niemanden eine Gefahr. Jeder Hund ist tendenziell sein Freund und wenn nicht, ist es ihm einfach egal. Bloß kein Stress. Bei mir ist es gerade so ähnlich. In meine Regenbogenwolke gehüllt will ich einfach nur alle und jeden umarmen, der mir entgegenkommt. Doch für manche scheint allein diese Aura schon so unheimlich zu sein, dass sie nicht mal „Guten Tag" sagen. Eine Frau schreit verzweifelt nach ihrem Hund, der munter auf uns zu gerannt kommt.

„Tu doch was, Dieter!", fordert sie ihren Mann auf.
„Oskar läuft da vorn zu dem Hundebesitzer!"
Ich, der gechillte Hundebesitzer, ruft ihnen zu:
„Alles gut! Wir sind friedlich!" Aber es nutzt nichts.
„Oskar! Hierher! Sofort! Dieter!"
Als es auf die Tour nicht funktioniert,
wird die Stimme plötzlich hoch und stinkefreundlich:
„Oskar! Leckerli! Komm schneeeell zum Frauchen!"

Oskar nimmt die Hundebesitzer Dieter und Frauchen nicht ernst und schnuppert entspannt an Mios Hintern. Wieder einmal frage ich mich, ob die Welt denn schlechter oder gefährlicher wäre, wenn wir Menschen unseren Kontrollwahn deutlich herunterschrauben und einfach viel mehr zulassen würden, ohne schon im Vorfeld alle möglichen Was-könnte-denn-alles-passieren-Szenarien zu durchdenken und durch aufwendige Maßnahmen ausschließen zu wollen.

Ich komme an einem modernen Bauernhof vorbei, ein Schweinezuchtbetrieb. Ich rieche sie, höre sie, doch kann sie nicht sehen. Auf einem grünen Schild steht: „Wir lassen die Sau raus!“ Mit Bioland-Siegel. Es hängt an einem komplett dichten Zaun, hinter dem die Schweine rumoren. Ihr Auslauf beträgt etwa 100 Quadratmeter, ist überdacht und nach allen Seiten so abgeschirmt, dass die Tiere keine Aussicht auf die Felder haben. Ja, der Mensch lässt die Sau raus, aber nur die eigene innere, beim sommerlichen Grillvergnügen. Was hier als artgerechte Haltung verkauft werden soll, ist für mich längst nicht gut, nur weil die Massentierhaltung in Gitterboxen in komplett geschlossenen Ställen noch schlechter ist. Aber leben nicht viele Menschen genauso? Und wähnen sich dabei frei, weil sie ahnen, dass es anderswo noch enger sein könnte und sie keine Ahnung davon haben, wie frei sie eigentlich sein könnten? Aber ja, Freiheit muss man auch aushalten können. Der Kontrast der Parallelwelten, die ineinander verschränkt existieren, würde mir mal wieder die Schuhe ausziehen, wenn ich denn welche anhätte.

Ein Miniaturhund mit Schleifchen kommt nebst geschminktem Pendant an mir vorbei und greift sofort Mio an, wie ein Hamster ein Pony. Mio wundert sich nur. Er hebt sein Beinchen und streckt den Störenfried mit einem satten Strahl nieder. Sich schüttelnd flieht dieser zurück zu seinem empörten Frauchen.

Nach dem Fest auf dem Hof der Träume erscheint mir die als normal deklarierte Welt skurriler als je zuvor. Dennoch werde ich mich wieder ein Stück weit in ihr akklimatisieren müssen, um klarzukommen. Es bleibt für mich ein Spagat. Es gibt viele Möglichkeiten, anders zu sein, anders zu leben in dieser Zeit, in diesem Land. Eine große Freiheit, die manchmal verwirrend sein kann, aber auch sehr faszinierend. Im Spannungsfeld der Kontraste schillern die Farben am stärksten. Vermutlich bewege ich mich deshalb gern zwischen ihnen hin und her.

Für mich wird es Zeit zum Aufbruch. Ich verschwinde durch die Hintertür. Mich bei den vielen Brüdern und Schwestern der letzten Tage zu verabschieden, überfordert mich. Banjo, der gute Geist des Platzes und Antje und Nicola natürlich, das muss reichen. Und meinen Berber treffe ich auch noch. Er wird nun mit einer bunten Karawane der Vagabunden nach

Belgien zu einem großen Rainbow Gathering tingeln. Mein Seelenbruder Mio geht komplett grußlos. So machen es Hunde. Sie begrüßen, verabschieden tun nur Menschen. Wenn überhaupt. Die Indianer haben dies angeblich auch nicht getan. Aber was wissen wir denn schon wirklich von diesen gemeinhin als Indianer bezeichneten Naturmenschen? Vielleicht ist es ja die für mich schon als Kind faszinierende Vorstellung, Teil eines Stammes zu sein, wo alle zusammenhalten und sich lieb haben, freilich mal mehr, mal weniger, die sie für manche von uns so anziehend machen. Die tiefe Sehnsucht des industrialisierten, stark individualisierten Menschen dieser Epoche, wieder geborgen zu sein in einem lebendigen Universum, wo alle und alles miteinander verwandt sind. Wohin nun mit mir, nach all dem Sinn und Unsinn?

FELIX

TWO WHEELS FOR CHANGE UND DAS GUT ALAUNE

„EIN KREATIVER LEBENSORT IN DER NATUR, MIT ANBINDUNG AN DAS KULTURELLE LEBEN DER STADT: DAS WAR UNSER ZIEL."

Nach Halle an der Saale. Diesmal auf der Autobahn durch eine komplett ausgeräumte Landschaft. Windräder-Armeen salutieren vor dem Horizont. Eine Agrarwüste. Von ferne sehe ich sogar eine Pyramide, die sich beim Näherkommen aber in einen hoch aufgeschütteten Maulwurfshügel aus Abraumgestein verwandelt. Ich wechsele kurz vor Halle auf die A14 Richtung Magdeburg, die kurz darauf allerdings einfach aufhört. Paule wirft sich in das städtische Verkehrsgetümmel, die Spritanzeige ist ganz unten. Na ja, wird schon bald eine Tanke kommen, sage ich mir und verfahre mich dabei. Kreuz und quer, vor und zurück, bis Paul keinen Bock mehr hat und mitten auf der Kreuzung einfach stehen bleibt. Sofort werde ich Opfer von zahllosen Wuthupern. Als ob ich hier freiwillig stehen würde, um die nicht vorhandene Aussicht zu genießen ...

Was nun? Den ADAC anrufen und einen Kaffee kochen die Überlebensversicherung für mich und meinen Blechopa. Ich stelle mir währenddessen einfach vor, Paule stände irgendwo im Grünen. Eine echt harte Gelassenheitsübung. Aber was soll ich sonst tun? Gestresst mit Warnweste am Straßenrand auf und ab gehen? Ich klappe meine Kajütentür auf und setze mich mit meiner roten Blechtasse voll lecker dampfendem Kaffee auf die Schwelle und lasse die Füße baumeln. Immer wieder böses Hupen und Handscheibenwischer vor gerunzelten Stirnen. Es ist halt, wie es ist und ich versuche, das Beste daraus zu machen. Der gelbe Mann vom ADAC begrüßt mich mit folgenden Worten: „Das ist die beschissenste Stelle der ganzen Stadt, um mit so einer Karre liegen zu bleiben!"

Der Farbkontrast seiner neongelben Latzhose zu seinem purpurroten Gesicht beeindruckt mich. Dazu noch der blonde Schnauzer – Wahnsinn. Er schleppt Paul auf die Seite, dann fahren wir zur nächsten Tankstelle, um einen Kanister voll Sprit zu holen. Dabei fragt der gute Mann, wohin ich denn eigentlich wolle. Ich erzähle ihm von der Gemeinschaft namens Gut Alaune. „Sind das nicht die paar Spinner, die in Wohnwagen und Zelten in der Franzigmark hausen?" „Ja, sehr wahrscheinlich genau die!"

Er entlüftet noch die Dieselleitung, ich schütte den Treibstoff in den Tank und fahre anschließend mit ein paar Freudenhupern weiter Richtung nördlicher Stadtrand. Eine Straße mit Fast-Food-Filialen, Baumarkt,

Fressnapf und Kaufland mündet in eine kopfsteingepflasterte Straße, die links und rechts von leer stehenden Lagerhäusern flankiert wird. Der Hafen in Halle-Trotha, dessen Erbauung sich als die größte Fehlinvestition der Stadtgeschichte entpuppte. Absolut tote Hose. Danach wird es dunkel. Eine schmale Landstraße führt an einem kleinen Wohngebiet vorbei zu Äckern, Auwald und weiten Flächen mit Gestrüpp und Magerwiesen. Ich fahre bis zum Ende der Straße, in eine Ansammlung von Wochenendhäuschen, die aber alle ganzwöchig bewohnt zu sein scheinen. An einem der Gartentürchen hängt ein Schild, welches ein Messer und einen Knüppel zeigt, darunter steht: *Wir rufen nicht die Polizei!* Hm, vielleicht auch eine Art von Aussteigern, bei denen ich aber nicht freiwillig anklopfen möchte. Von Gut Alaune keine Spur. Ich fahre wieder ein Stückchen zurück und entdecke dabei einen von Hecken und Auwald umwachsenen Weg als einzige Alternative. Rein da. Paul poltert durch unzählige Schlaglöcher ins Ungewisse. Hoffentlich muss ich nicht wieder rückwärts hier rausfahren, denke ich bei mir.

Die Saale kommt in Sicht und ein großer Acker. Dort macht der Weg einen Knick nach rechts. Es geht auf ein etwa zehn Meter höher gelegenes Plateau. In diesem Flachland eine recht beachtliche Erhebung. Auf einem Schild steht handgeschmiert „Privatgelände. Keine Durchfahrt." Darunter wird auf einem Holzschild ergänzt: „Nur mit Kuchen!" Das klingt doch schon besser als gerade noch 500 Meter weiter vorn.

Ein Bauwagen, eine Jurte, eine kunstvoll windschief gebaute Hütte und ein flaches Haus, dem das Dach weggeflogen und an dessen Stelle nun eine Plane gespannt ist. Ja, hier bin ich wohl richtig. Neben einem selbst gebauten Fußballtor parke ich. Sofort kommen vier Kinder angerannt, die drei kleineren nackt, der Große mit BVB-Trikot. Ich zücke eine Packung Vollkornkekse, steige aus und komme mir vor, wie ein fernreisender Pionier, der in einem fremden Land die Eingeborenen-Kinder mit Süßstoff versorgt. Aus einer kleinen Werkstatt haut ein Hammer rhythmisch auf Metall, an der Wand hängt ein verbeultes Schild, welches ich beim genaueren Hinsehen als verbeulte Hand-Pan erkenne. Ich klopfe und ein blonder Hüne mit langen Haaren öffnet mir die Tür. Sofort setzt es eine Umarmung, bei der ich mich auf die Fußspitzen stellen muss. Ein ungewohntes Gefühl für mich. Fabi baut diese melodiösen Klopfinstrumente. Er ist vor Jahren mit meinem alten Bärenreise-Kumpel Mohammad auf einer ausgedehnten Radtour gewesen, zusammen mit anderen kunterbunten Vagabunden, von Berlin bis nach Asien. Nun hat ein Teil dieser Gruppe in der Franzigmark dieses Grundstück gekauft und ein alternatives Wohnprojekt gestartet. Ein Haus ohne Dach, mit einem Hektar Land drumherum für 20.000 Euro, um sich hier kreativ zu entfalten. Alte Schuppen wurden umgenutzt als Werkstatt, Bauwagen kamen her, zwei Jurten wurden gebaut. Auf den Grundmauern einer alten Hütte wuchs ein wunderlich schiefes Hexenhäuschen heran. Hühner und Bienen kamen und natürlich auch Gemüsebeete.

Ein Stoß ins Nebelhorn ruft zum Abendessen in den Gemeinschafts-Bungalow mit dem geflickten Dach. Rustikal, mit dem alten Holzboden, den braunen Lehmwänden, den vom Sperrmüll zusammengewürfelten Möbeln. Sieht recht nach alter Oma aus, die Leute um den Tisch aber sind alle jung, irgendwie studentisch mit Pirateneinschlag. Alles in allem recht fröhlich, kreativ und etwas weniger verträumt als die Leute auf dem Hof bei Kassel. Der erfinderische Spaß am Bauen und Werkeln und die Aufbruchstimmung stehen ihnen in die Gesichter geschrieben. Zirkus und Akrobatik, Tanz, Theater und Musik sind allgegenwärtig. Marmeladengläser kommen nicht über den Landweg zum Adressaten, sondern per Luftpost. Schnelle Reaktionen werden gefördert. Wachsein. Die Atmosphäre im Gemeinschaftshaus, welches aus einer Essküche, einem Vorratsraum und einem angeschimmelten Bad mit Kompostklo besteht, ist liebevoll punkig, mit kräftigem Öko-Hippie-Einschlag. Es gibt Ordnungsempfehlungen, die immer wieder befolgt und immer wieder vergessen werden. Dabei ist alles da, was man braucht, und wenn nicht: Der Aldi-Container hat rund um die Uhr geöffnet. Ich fühle mich wohl in diesem Randstreifen zwischen Sperrmüll-Recycling, gut verarbeitetem Lehmputz, liebevollen Detailverkünstelungen, Schrott und verspielter Architektur. Ein

Ort, an dem nichts in Stein gemeißelt ist, ein Ort zum Ausprobieren, zum Experimentieren mit den Dingen, sich selbst und den Menschen drumherum.

Spät am Abend trifft Felix ein, mit Rucksack und Geigenköfferchen. Ein freundliches Gesicht mit breitem Mund, blondem Zopf und weiter Hose, mit der Ausstrahlung eines Berufsoptimisten. Gute Laune aus Prinzip. Wir leeren zusammen die Kompostklos. Einfachstes Prinzip: ein Speißkübel, ein Toilettensitz darüber, alle Geschäfte rein da und dann Sägespäne drüber. Die vollen Kübel fahren wir mit der Schubkarre zum Kompostplatz, schieben dort die Strohabdeckung zur Seite und kippen die frischen Rohstoffe auf die Küchenabfälle, den Hühnermist und das Unkraut. Stroh wieder drüberziehen und fertig. Ein Thermometer zeigt die Temperatur im Inneren des Komposthaufens an. Eine Heißrotte über 60 Grad wird angestrebt, um vorhandene Samen und kleine, böse Erregerchen zu eliminieren. Gegenüber der Alaune, auf der anderen Saaleseite, brummt und dröhnt Tag und Nacht das Klärwerk der Stadt. Was für ein Kontrast. In der riesigen Anlage wird das komplette Abwasser von über hunderttausend anonymen Menschen gesammelt. Hier ist man für seinen Scheiß in direkter Konfrontation selbst verantwortlich. Ohne kostbares Trinkwasser zu vergeuden, werden sämtliche Ausscheidungen zu duftendem Humus für den Gemüseanbau. Das Grauwasser fließt direkt in die Gartenterrassen vor dem Gemeinschaftshaus.

Wie die Kompostklos nah der großen Kläranlage liegt dieses kleine Anwesen nicht irgendwo in der Walachei, sondern direkt am Rande einer großen Stadt und zeigt, das auch hier so einiges anders gehen kann.

MIT DEM FAHRRAD IN DIE MONGOLEI

Am nächsten Tag streife ich ausgiebig durch die schöne Franzigmark, einen ehemaligen Truppenübungsplatz, wo nun Schafe und Esel weiden, um das Magerwiesenbiotop vor der Verbuschung zu bewahren. Wie eine

Oase in den platten Agrarwüsten drumherum. Ich will wissen, wie Felix vom Fahrradfernreisenden zum Kompostklobesitzer wurde und wir setzen uns bei einem Tee in seiner Jurte zusammen. Man sieht der Zeltbehausung an, dass sie von den mongolischen Nomaden für trockenere Gebiete konzipiert wurde. Die feuchten mitteleuropäischen Winter bekommen dem Stoff nicht sonderlich gut. Stockflecken masern die dünne Haut, außerdem riecht es nach Maus. Für die Nager ist die Schafswollisolierung ein lauschiges Winterquartier.

Felix spielt nicht nur gern Geige und fährt Fahrrad, er steht auch auf Akrobatik. Überhaupt sind Zirkus und die Romantik des Fahrenden Volkes hier sehr angesagt. Schon zu seinen Schulzeiten wurde Felix davon angefixt. In einem Zirkusprojekt lernte er Leute kennen, mit denen er gemeinsam ums Lagerfeuer sitzen konnte und die ihre Musik selbst machten, ohne Steckdosen und Verstärker. Sie rochen nach Freiheit und ein weiter Horizont glühte durch sie hindurch.

Während seines Sonderpädagogik-Studiums in Berlin lebte er dann in einem besetzten Haus, wo stets viele Leute zusammenkamen und das teilten, was sie hatten. So auch ihre Fähigkeiten: Jonglieren, Theater, Musik, Kunst. „Und eines Tages lernte ich ein Paar kennen, das von Griechenland aus bis nach China geradelt ist. Da dachte ich mir: Wow, die haben eine Vision und machen das einfach. Und es klappt!“

Kurz darauf lernte er einen bunten Vogel kennen und sie wurden Freunde. „Wir hatten uns nicht gesucht und doch gefunden! Wir sprudelten vor Ideen, waren naiv und impulsiv und entwickelten die Vision eines auf zwei Rädern fahrenden Zirkus. Wir gaben dem Ganzen Hand und Fuß und gründeten den Verein *Jonglirium*.“

Ihre erste Tour sollte sein: Berlin – Mongolei. Sie suchten nach Mitstreitern und mieteten einen günstigen Raum für eine Werkstatt, wo sie ihre Fahrräder zusammenbasteln konnten und hierfür die nötigen Skills lernten wie Schweißen und Fahrradmechanik. „Was kann man alles für Räder bauen, die gleichzeitig verrückt sind und gut funktionieren? Auf denen wir Sack und Pack und Instrumente verstauen können?“

Ein Liegend-Tandem mit Gepäckträger vorn für die Rucksäcke und hinten noch ein Rad, auf dem der große Gruppen-Kochtopf mitfuhr. Ein Tall-Bike wurde gebaut, Sitzhöhe zwei Meter, auf dem auch die Tuba mitfahren konnte.

Ihre Ideen und ihr Enthusiasmus zogen die Leute an. „Unsere Überzeugung und damit die Kraft dieser Vision eröffnete einen magischen Raum. Alles schien möglich. Wir bekamen 600 Liter Sojamilch gesponsert und haben die nächsten Wochen beim Schrauben wie wahnsinnig gefurzt. Es war kaum zum Aushalten. Rasant ging es voran."

Ein Hauch dieser Schwärmereien zieht auch leise durch diese Jurte, ein Mitbringsel aus fernen Landen, um hier als Nest beim Wurzelnschlagen zu dienen. Ja, Felix und seine Freunde hatten Rückenwind. Wie es so ist, wenn man seinen Traum lebt, insofern sich dieser tatsächlich in Resonanz mit dem eigenen Wesen befindet. Felix erwähnt mit keinem Wort auch nur einen Inhalt seines Sonderpädagogik-Studiums. Doch jede Zelle seines Körpers schwingt mit der Begeisterung all der Dinge, die er „so nebenher" gelernt hat. Musik machen, Jonglieren, Akrobatik, Fahrradschrauben. Mit Menschen zu kommunizieren, einen Verein ins Leben zu bringen und gut gelaunt Scheiße zu schaufeln.

„Wir sind dann mit sechs Leuten losgefahren, im Februar. Es war knusprig kalt, aber unsere Herzen brannten. Endlich waren wir auf der Straße. Draußen. Alles lief auf ‚high energy'."

Am Anfang waren die Auftritte auf der Straße, wo man die nötigen Spesen akquirieren wollte, noch sehr dürftig. Jeder machte irgendwie das, was er konnte. Aber mit jedem Kilometer, den sie auf ihrer Traumreise zurücklegten, wuchs die Gruppe und ihre Gesamtperformance. Runder, selbstbewusster und strahlender. „Wir schlugen in Projekten und Gemeinschaften ein, boten Zirkus für Kinder an, machten Musik, arbeiteten für Kost und Logis. Wir rissen alle mit mit unserer Lebensfreude. Wir fanden uns immer mehr als Gruppe. Jeder brachte seins mit ein und wenn es nur im Takt Rasseln war. Die Qualität der Performance war zwar nicht hochklassig, aber unsere Energie war es. Alle waren voll dabei, mit dem, was jeder beitragen konnte, und das kam bei den Leuten an."

Sie erreichten Polen und immer mehr Leute kamen hinzu. In der Ukraine waren sie dann schon 24 Menschen aus verschiedenen Ländern, die von der Expedition gehört hatten und ihr nachreisten oder die einfach spontan mit auf den fahrenden Zug aufsprangen. „In Südrussland lernten wir einen Kfz-Mechaniker Ende vierzig kennen, der daraufhin seinen Job kündigte und mitfuhr."

Oft war es so, dass sie ihr Camp am Rande eines Dorfes aufschlugen. Im Dorf holten sie ihr Wasser. Die Kinder wurden auf die lustigen Gestalten aufmerksam und kamen zum Camp. Man kam ins Gespräch mit den Eltern und den engagierten Leuten des Dorfes und verabredete sich, Zirkusprojekte mit den Kindern durchzuführen, auf Basis des freiwilligen Austausches. Ein bis zwei Wochen verweilte die fröhliche Schar dann und übte mit den Kindern eine Zirkusvorstellung ein, die zum Abschluss auf dem Dorfplatz aufgeführt wurde. „Es gab einen Riesenapplaus. Und dann verschwanden die Leute einfach. Das erste Mal wunderten wir uns sehr darüber. Doch bald kamen sie zurück mit Tüten voller Essen, mit lebenden Hühnern, mit allerlei Geschenken, mit Geld für unseren Hut. Und davon lebten wir auf dieser Reise. Offenherzigkeit und freier Austausch haben uns getragen."

Klingt fast zu schön, um wahr zu sein. Aber natürlich gab es auch durchnässte Tage und unbequeme Nächte. Immer wieder zehrte die Kälte an den Körpern und Seelen, die sich so weit aus ihren Komfortzonen hinausgewagt hatten. Es gab einige knifflige Grenzerfahrungen. So zum Beispiel an jener zwischen der Ukraine und Russland. Der Grenzschutz tauchte im Camp auf und alle mussten auf die Station. Es gab Probleme mit den Pässen. Doch auch hier half der gute Geist des arglosen Leichtsinns. „Wir blieben einfach entspannt und fröhlich und steckten die Beamten damit an. Wir waren Superspreader der guten Laune! Am Ende hatten sie Clownsnasen auf und der Stationschef gab uns seine Handynummer. Bei den nächsten Kontrollen mussten wir einfach nur seine Nummer wählen und den Polizisten das Handy ans Ohr halten und alles war paletti.“ Manchmal gab es auch auf den Straßen der Städte kleinere Ungereimtheiten mit Betrunkenen, welche den rechten Abstand nicht mehr zu wahren wussten. Doch die Gruppe wusste sich auch hier zu helfen, ohne in den Widerstand zu gehen. Sie verabredeten ein Signal, welches der oder die Bedrängte von sich gab, und sofort kam die ganze Gruppe herbei, umzingelte den Provokateur und erstickte ihn mit ihrer Liebe.

Nach fast einem Jahr erreichte der fahrende Zweirad-Zirkus die Mongolei. Fünf der Vagabunden hatten immer noch nicht genug und reisten weiter bis nach China, Japan, Laos und Vietnam und anschließend über Kasachstan zurück. „Gastfreundschaft und Einfachheit. Das haben wir auf dieser Reise mehr als alles andere erfahren.“

GEMEINSAM WURZELN SCHLAGEN

Abends treffen Felix und ich uns im Badezuber wieder. Der Dampf steigt auf und verschmilzt irgendwo über dem Acker mit dem Nebel der Saale. Mystisch wird der Blick auf die orange beleuchtete Kläranlage und die Sterne darüber. Unter dem Blechtopf, in dem wir auf einer Palette stehen, schiebt Josefa noch ein paar alte Dachlatten und lackierte Zaunelemente nach, deren Qualm scharf in die Nase beißt. Dann steigt sie zu uns ins heiße Wasser und nach ihr auch noch Alexej, Lisbeth, Nikos und Richard. Alles eine Suppe. Ein Bierchen geht herum und noch eins. Corona hat es an Orten wie diesen schwer, Angst zu verbreiten. Die Pandemie wird sozusagen im Keim erstickt. Hochgerüstete Immunsysteme mit Nahkampfausbildung stellen sich der Gefahr. Vertrauen und Gutdünken als Desinfektionsmittel. Auch ein möglicher Weg von vielen. Evolution in der Ursuppe.

Felix erzählt in seiner tiefenentspannten Art wie er nach der Fahrradreise in die Brosgauer Straße zog, wo er eine günstige Zwei-Zimmer-Wohnung mieten konnte. In dieser lebte er alsbald mit 20 weiteren bunten Gestalten zusammen. Die Küche wurde in den Flur verlegt und hölzerne Zwischenebenen wurden in die hohen Zimmer eingezogen. Ein multikultureller Schmelztiegel für Träumer mit Tatendrang entstand. Ein Hauptquartier, von dem aus weitere Fahrradreisen organisiert wurden: nach Indien, nach Israel und wohin auch immer das Fernweh rief. Felix fuhr allerdings nicht mehr mit. Seine Sehnsucht trieb ihn nun an, einen festen Ort zu finden, an dem er Bäume und Menschen über längere Zeiträume wachsen sehen konnte.

„Nach der Zeit draußen mit dem Fahrrad kam ich auf die Stadt erst mal gar nicht mehr klar. Das Tempo, die Lautstärke, die Flut von Eindrücken. Ständig neue Begegnungen, Kontakte, die kommen und gehen. In mir wuchs das Bedürfnis, Teil einer Gruppe zu sein, die sich weiter aufeinander einlässt, die zusammenlebt und gemeinsam durch ihre individuellen und kollektiven Prozesse geht. Und ich wollte näher an der Natur leben. Also löste ich mich aus meinem Fahrraddunstkreis, ließ die Wohnung und meinen kleinen Job los und startete ins Ungewisse.

Zunächst suchte ich mit meiner damaligen Freundin zwei Jahre lang alternative Lebensorte auf. Gemeinschaften. Comunitys. Wie funktioniert so was, wenn scheinbar wild zusammengewürfelte Menschen eine gemeinsame Lebensvision verfolgen? Oft ist es in WGs ja schon schwer, mit den vielen Unterschiedlichkeiten dauerhaft friedlich zusammenzuleben. Was gibt es für soziale Tools? Wie organisieren sich die Projekte wirtschaftlich? Der Wunsch, selbst an einem Ort und in einer Gruppe anzukommen, wurde immer zwingender." Um Berlin herum tat sich in dieser Richtung nichts Geeignetes auf. Aber wie es dann so ist mit Träumen: Ist der Träumer konstant genug, seine Seifenblasen im Geiste zu nähren und zur rechten Zeit auch tatkräftig zuzupacken, so findet er festen Grund und Boden, woraus sich dann die Luftschlösser manifestieren, die, wenn man es denn gut macht, durchaus von fester Bausubstanz sein können. „Es kam ein Impuls aus Halle an der Saale, von den Schwestern Lisbeth und Josefa, die dort studierten. Ich kannte sie von den Fahrradreisen her. Auch sie wollten ein Gemeinschaftsprojekt gründen und wir schwangen gut zusammen. Insgesamt waren wir zu sechst, mit meiner Freundin und den Partnern von Josefa und Lisbeth. Ein kreativer Lebensort in der Natur, mit Anbindung an das kulturelle Leben der Stadt: Das war unser Ziel. Und das Ziel hat uns gefunden."

Zunächst stöberten die sechs erfolglos in den Immobilienanzeigen. Mit Google Maps wurde die virtuelle Stadt überflogen, doch das alles ging nicht in Resonanz mit ihrer Vision. Es waren dann ausgerechnet wieder die Drahtesel, die sie auf die Straße des Glücks brachten. „Wir fuhren mit dem Rad raus, um die Stadtränder abzuklappern. Auf der ersten Tour ging es durch Trotha und den Hafen, dahinter nahmen wir den ersten Feldweg ins Grüne. Und der führte uns zu einem verlassenen Grundstück oberhalb des Flusses, mit einem Haus mit kaputtem Dach, leeren Hundezwingern und vielen rumpeligen Schuppen. Alaune 9 war die Adresse. Und wir dachten: Das wär's doch!" Sie fragten die Nachbarn, die sich auf den nahe gelegenen Wochenendgrundstücken häuslich niedergelassen hatten. „Das Grundstück gehört dem Schmeerschneider. Der verkauft niemals! Und wenn, dann viel zu teuer. Der ist ein Schlitzohr!", gaben sie Auskunft.

Der Ort hatte einer Frau namens Edith gehört, die da draußen mit zahlreichen Hunden gelebt hatte, seit Jahr und Tag, bis sie vor ein paar Jahren verstarb. Und nun also war es Eigentum des Schmeerschneiders, den Felix und seine Freunde frei von der Leber weg kontaktierten. „Der Mann war dann gar nicht so übel wie angekündigt. Für 25.000 Euro trat er das Häuschen mit dreiviertel Hektar Grundstück an uns ab. Er half uns sogar noch, den Dachstuhl zu richten, bevor der ganz einstürzte, und bei der Bürokratie mit dem Bauamt."

Während ich kurz dem Suppentopf entsteige, um nicht komplett weich gekocht zu werden, und dampfend in der herrlich kühlen Nachtluft stehe, singt mein Herz ein kleines Freudenlied für die Kraft der Naivität. Des arglosen Gutdünkens, welches mitunter fest verschlossene Türen zu seidenen Vorhängen macht, wenn man sich nicht von scheinbaren Hindernissen von seinem Weg abbringen lässt. Widersacher werden plötzlich zu Gefährten, Steine im Weg zu Sprungschanzen.

Zurück im Pott erzählt Felix weiter: „Wir gründeten einen Verein, legten alles Geld zusammen, das wir hatten, und gaben es dem Verein als Kredit. Dann begann der Auf- und Umbau. Wir warfen uns voll rein. Mit viel Herzblut, Energie und Kreativität. Das zog Freunde an, die mitmachen wollten, und bald waren wir zwölf Erwachsene und vier Kinder. Wir bauten ein Häuschen aus Lehm, fanden auf dem Schrottplatz eine große Metallwanne und errichteten den Badezuber. Eine Jurte folgte, ein Garten wurde gestartet. Zu unseren Bauwochen kamen superviele motivierte Leute, die uns halfen. Es herrschte Aufbruchstimmung und drumherum viel gute Laune. So nannten wir uns dann auch *Gut Alaune*."

Der Name war tatsächlich Programm. Es wurden Zirkus-Workshops, Improvisations- und Clownkurse gestartet, Permakultur-Trainings und vieles mehr, teilweise als EU geförderte Projekte, mit Teilnehmern aus vielen europäischen Ländern. Richard, der englische Clown, der mit seinem Clownpartner Juri als das Duo „Barada Street" schon in aller Herren Länder gespielt hat, stampfte ein hochwertiges und zugleich familiäres Festival aus dem trockenen Sommerboden der Franzigmark: das *In the plains Festival*. Musiker, Clowns und Akrobaten kamen zusammen und neben den kunterbunten Öko-Elfen der Stadt versammelten sich auch die Gartenzwerge aus der unmittelbaren Nachbarschaft. Welten verschmolzen in einem wundervollen Fest. Und alles war schön und alles war gut und wenn sie nicht gestorben sind, dann haben sie auch heute noch gute

Laune rund um die Uhr. Aber, wen wundert es noch, herrscht auch hier das alte Spiel von Yin und Yang, von Werden und Vergehen, von Sonne und Regen und wenn zu viel die Sonne scheint, dann wird es irgendwann zu trocken. Ja, es menschelte auch hier. Felix teilte sich mit Fabi die Jurte, aber Fabi teilte sich auch mit Nora und ihren Kids die andere Jurte und Martha, die neue Freundin von Felix, wollte doch auch die Jurte mit Felix teilen, aber nicht mit Fabi. Und Sezckin wollte mehr Eier der gemeinsamen Hühner essen als alle zusammen. Josefa war mit Alexej zusammen, dann aber auch mit Richard, bis Richard nicht mehr wollte und Jakob kam, und so weiter und so fort. Leute zogen aus, andere kamen hinzu und ja: Felix‘ Traum erfüllte sich. Es gab einen Ort, wo Bäume wuchsen, von denen so manche in den heißen Sommern vertrockneten und es gab Gruppenprozesse satt. Kampf um den Abwasch und wer wäscht hier die schmutzige Wäsche mit wem? Die Kommunikationstools wurden gezückt, die hier und da halfen, aber auch in Ausnahmefällen ausnahmslos zum Versagen neigten.

„Nach vier Jahren kann ich sagen: Damals war da unsere gemeinsame Erwartung eines emotional bewussten Zusammenlebens. Wir waren alle Anfänger. Jung und naiv. Unsere Erwartungen trafen auf unsere Realitäten. Konflikte entstanden und übersteigerten in manchen Fällen die Kompetenz der Gruppe. Ich habe geglaubt, dass es für alles eine Lösung gibt, doch dann habe ich erkennen müssen, dass manchmal die einzige Lösung dann auch die Lösung ist: und zwar voneinander.“

Es ist wohl wie mit den Liebesbeziehungen. Am Anfang steht die rosarote Brille, Glückshormone werden aus beiden Eimern ausgeschüttet und man wähnt sich in dem glorreichen Zustand, gemeinsam alles erreichen zu können. Und dann kommt, heimlich still und leise, der Alltag durch die Hintertür. Schleicht sich ein und versteckt überall seine kleinen Zeitbomben. Manche Detonation erschüttert die Grundmauern, kann sie aber auch stärken. Andere schlagen so heftig ein, dass einem das Dach über dem Kopf zusammenstürzt. Manch einer mag da schreiend davonlaufen, andere bleiben und bauen es wieder auf. Vielleicht muss auch erst mal eine Plane drüber gespannt werden und manche Improvisationen werden dauerhaft tragfähig. Welche Stürme die Zukunft mit sich bringen mag, weiß eh keiner. Nur eines ist klar: Nichts bleibt wie es wahr. Keiner kommt ohne Schrammen durchs Leben. Aber es ist gut, wenn man von zufriedener Gewissheit sein kann, wofür man sich die Schrammen verdient hat.

Ich steige völlig verschrumpelt aus der Ursuppe. Schwindelig wanke ich zu meinem Handtuch, trockne mich ab, falle ins Gras und schaue in die Sterne. Für jeden davon ein Träumer und sein Traum. Alles dehnt sich immer weiter und immer schneller aus, bis es implodiert, so heißt es zumindest. Ich weiß nicht, ob das stimmt. Mal sehen. Morgen vielleicht.

KARLA

MIT KIND UND
KEGEL UND WIND
IN DEN HAAREN

„UNSERE KINDER LERNEN VON LAND UND LEUTEN."

Karla schleppt in der einen Hand einen fetten Ast, in der anderen trägt sie die Säge. Im Wickeltuch hängt ein Kindlein wie im Beutel einer Känguru-Mama. Wir nähern uns der Feuerstelle, die unter dem Tarp vor dem viel zu klein wirkenden VW Bus vor sich hin qualmt. Hinten im Bus sitzen ihre anderen beiden Kinder auf dem Bett. Leon ist acht und Freya sechs. Der Vater, den Karla Baumi nennt, ist nicht zugegen, gehört aber auch zu dem Tross, samt Hund Pyjama und den beiden Hühnern Angela und Annegret, die um den Bus herum picken. Der Boden ist aufgeweicht, es regnet schon seit ein paar Tagen. Karla hat einen wuscheligen Lockenkopf, ist Mitte dreißig und wirkt sehr fit und sportlich, obwohl sie keinen Sport treibt. Das Leben ist ihr Fitnessstudio. Sie reist mit ihren Kindern umher und Baumi ist meist auch mit an Bord, obwohl ich nicht recht verstanden habe, ob sie noch zusammen sind oder nicht oder nur hin und wieder mal. Ihre Klamotten wurden schon oft geflickt, genauso wie der Bus. Sogar den Hund hat Karla neulich ebenfalls zusammengeflickt, nachdem er von einem portugiesischen Straßenhund verprügelt worden war.

Getroffen habe ich Karla auf einer Autobahnraststätte, auf dem Weg von Halle Richtung Heimat. Unter all den vielen anonymen Gesichtern an so einem lieblosen Ort erkennt man sich sofort als welche, die im Planquadrat zwischen McDonald's, Aral und Coffee To Go so gar nicht zu Hause sind. Ich bin ihr nach Absprache gefolgt und nun stehen wir hier auf irgendeiner Wiese, die irgendwo in Deutschland ist und die genauso gut überall anders sein könnte. Der Bauer hat uns seinen Segen gegeben. Oft erfährt Karla herzhafte Hilfsbereitschaft, wenn sie mit Kind und Kegel unterwegs ist. „Man muss die Leute nur fragen. Die meisten tun doch gern was Gutes!"

Ja, das kann ich auch bestätigen. Ist man selbst offen und geht vom Besten aus, kommt es in der Regel auch so zurück. Mio versteht sich blendend mit Pyjama. Der Große liegt auf dem Boden und lässt sich von der zierlichen, schwarz-weißen Hündin ordentlich durchkauen. Die Kids spielen im Dreck, haben Erde an den Händen und auch überall sonst. Leon hat ein paar Filzlocken. Selbst so gewollt. Er ist ein Frei-Lerner, das heißt, er geht nicht zur Schule. Und Freya wird es auch nicht. Karla und auch der ominöse Baumi sind davon überzeugt, dass die Kinder Lesen, Schreiben und Rechnen auch mit ihren Eltern lernen können. Und den Rest sowieso in der Universität des Lebens, die für jeden die entsprechenden Lektionen bereithält, wenn man sich ihr denn anvertraut. Tatsächlich finde ich in Leon einen verblüffend cleveren, geschickten und wachen Jungen, der sich eine sehr schöne Kindlichkeit bewahrt hat. Offen, frei heraus und gutmütig, so würde ich ihn beschreiben. Die Eltern haben diesen Weg gewählt, der nicht nur einfach ist. Das Lehren und Lernen sind dabei nicht das Problem, sondern die in Deutschland bestehende Schulpflicht, die es in den meisten anderen europäischen Ländern so nicht gibt. Dort gibt es zwar eine Bildungspflicht, der kann aber auch durch Homeschooling nachgekommen werden. Deswegen haben sie auch ihr liebevoll restauriertes Häuschen hinter sich gelassen und sich offiziell ins Ausland verabschiedet. Nun ziehen sie umher, sind ein paar Wochen hier, ein paar Monate da und irgendwie doch auch ganz bei sich zu Hause. Sie lagern auf Biohöfen, besuchen Gemeinschaften, Freunde, Familienangehörige oder stehen einfach irgendwo in den Bergen oder am Strand in Südeuropa. Letzteres meist in der Winterzeit, wenn es hier zu nass und kalt wird. Dort treffen sie sich dann mit anderen Familien oder auch Alleinerziehenden, die mit ihren Kindern vor der deutschen Schulpflicht geflohen sind.

„Ich denke überhaupt gar nicht, dass Schule partout was Schlechtes ist. Es gibt schon recht tolle, alternative Schulen und auch echt fitte Lehrer. Nur sehen wir für unsere Kinder, zumindest für die Grundschulzeit, einen anderen Weg. Sie lernen von Land und Leuten, von der Natur, im lebendigen Bezug zu allem, was sie umgibt. Dabei entwickeln sie sich prächtig. Und auch für mich ist es gerade genau richtig so. Ich möchte meine Kinder mitbekommen, nicht nur abends oder am Wochenende."

Leon schnitzt mit einem beeindruckenden Messer an seinem „Zauberstab", der schon recht kunstvoll aussieht. Freya füttert derweil das Feuerchen mit Holz. Das Kleine im Kängurubeutel wird an die Milch-Zapfanlage angeschlossen.

„Aber ist das nicht auch irgendwie anstrengend, so zu leben?“, frage ich die Mutter der drei Kinder. „Ja, klar. Manchmal. Aber ist es das ‚normale‘ Leben nicht auch? Wenn ich weiß, für was ich mich anstrenge, und damit im Reinen bin, dann strenge ich mich auch gern an.“

Wir schnippeln allerlei Gemüse und philosophieren dabei über Gott und die Welt. Karla stellt ein Dreibein auf und hängt einen von Ruß geschwärzten Kessel daran. Bald köchelt die Suppe darin. Der Dampf mischt sich mit dem Rauch und dieser Geruch der würzigen Suppe und dem verbrannten Holz macht mir ein behagliches Gefühl. „Wo ein Feuer brennt, ist ein Zuhause“, hat mir mal jemand gesagt. Ja, das fühlt sich für den Moment gerade so an. Leon springt auf und weint. Ein blutender Schnitt im Finger. Während Karla sich ihm annimmt, pflückt Freya Spitzwegerich und Schafgarbe. Sie reicht es Leon, der kaut es durch, bis es ein grüner Brei ist und legt diesen auf die Schnittwunde. Karla wickelt noch ein großes Blatt Ampfer drumherum, befestigt es mit einem Faden und Leon lächelt wieder. Der Finger hat aufgehört zu bluten. Wie aus dem Bilderbuch.

Doch beim Essen ums Feuer rückt Karla dann doch auch endlich mit dem Wermutstropfen ihres Weges heraus, den es doch scheinbar immer irgendwie geben muss. „Das, was mich wirklich stört, ist der ‚Illegalen-Status‘, den wir wegen der, meiner Meinung nach veralteten, Schulpflicht-Gesetzgebung hierzulande haben. Ich bekomme beispielsweise kein Kindergeld mehr, weil ich mich komplett aus dem System ausklinken musste. Ich möchte keine Rechenschaft ablegen und ich möchte auch nicht fortwährend etwas vorgaukeln. Wir sind aus diesem Konstrukt bis auf Weiteres ausgestiegen. Ich habe gelernt, dass man, will man seine Herzenswahrheit wirklich leben, bisweilen auch gegen Konventionen verstoßen muss, wenn diese ihr im Weg stehen. Die Kinder sammeln tolle Lebenserfahrungen, sehen die Welt nicht bloß im Fernsehen, sondern in echt. Sie lernen nicht durch fiktive Aufgabenstellungen auf einem Blatt Papier, sondern durch reale Herausforderungen.“

„Und fehlt ihnen deiner Meinung nach gar nichts?“ Karla schaut eine Weile ins Feuer, dann sagt sie: „Doch! Auch mir manchmal … Das feste soziale Gefüge im größeren Kontext. Eine Gruppe von anderen Kindern, eine feste Gruppe. Immer wieder treffen sie andere Kinder, und da sie das so kennen und gelernt haben, bauen sie sehr schnell Freundschaften auf. Doch durch die vielen Ortswechsel können sie sich nie länger darauf einlassen. Es ist ein ständiges Ankommen und Aufbrechen."

Das kann ich gut nachvollziehen. Meine Schulzeit war nach der Grundschule ein einziger Spießrutenlauf. Der Leistungsdruck, die gähnende Langeweile, die ich oft empfand, gepaart mit gnadenloser Überforderung: für Schüler und Lehrer, die diese mitunter dann aneinander ausgelassen haben. Doch war ich da in einer festen Klasse, hatte meine Gefährten in der Nähe, verstand mich mal mit dem einen besser, mal mit dem anderen, und hatte auch Kandidaten, auf die ich gar nicht klarkam. Doch vor denen gab es kein Entrinnen, die saßen morgens um acht genauso auf ihrem Holzstuhl wie ich. Ich musste mich mit ihnen auseinandersetzen, irgendwie zurechtkommen. Ich musste Wege finden, mit Unannehmlichkeiten umzugehen. Diese Erfahrungen werden so nicht gemacht, wenn die sozialen Gefilde ständig wechseln.

Leon zeigt mir seinen Zauberstab. „Das sind Runen! Hab ich aus einem Buch über Wikinger und Germanen."
Ich bin beeindruckt. Ein kleiner Zauberlehrling, der manche Erfahrungen nicht machen kann, dafür aber jede Menge andere. Man kann wohl nicht alles haben. Geht uns Erwachsenen ja genauso.
„Kann ich jetzt auf dem Handy spielen, Mama?"
„Du hast doch heute schon gespielt."
„Ja, aber ich musste doch früher aufhören, weil du telefonieren musstest!"
„Das waren aber nur fünf Minuten ..."
„Ja, dann halt nur fünf Minuten. Komm, bitte!"
Fast ein bisschen beruhigend, dass er jetzt nach dem Handy gefragt hat und nicht nach der Laute, um mit ihr die Schöpfung zu lobpreisen, denke ich. Karla verschwindet im Bus, um ihre Kaffee-Utensilien herauszuholen, und das Handy für Leon. „Fünf Minuten!"

Wie alles wird auch der Kaffee auf dem Feuer gekocht. Karla schwört darauf, dass er dann auch besser schmeckt als auf dem Gaskocher.

Ich schaue derweil in den Bus und staune, wie das hier funktionieren kann. Der VW ist deutlich kleiner als Paule, wo ich ja nur zeitweise und meist allein mit Mio drin wohne. Auch die Wohnverhältnisse in Juttis Bus wirken dagegen gar fürstlich. Ein richtiger Zigeunerwagen, wo alles, das heißt, das Lebensnotwendigste, irgendwie verstaut ist, inklusive des Käfigs von Angela und Annegret. (Der Hahn namens Söder ist vor drei Wochen im Kochtopf verschwunden, weil er zu aggressiv wurde.) Alle können in dem Bus schlafen, falls nötig. Hauptsächlich aber spielt sich das Leben draußen um die Feuerstelle ab. Das ist die Küche, das Wohnzimmer und auch das Bad. Ein Solarpanel, um das Handy und den Laptop zu laden, und eine Kühlbox gibt es auch – das wars an Technik.

Im Winter lebt es sich im Süden besser. Portugal, Andalusien, Marokko, Griechenland, Sizilien. Da waren sie schon. „Wir haben jetzt in Südportugal ein kleines Steinhäuschen in den Hügeln bekommen, das wir bewohnen dürfen. Eine ziemliche Baracke. Noch ... Mal sehen, was sich daraus machen lässt. Unsere Base in Deutschland ist bei den Großeltern der Kinder, die wohnen schön auf dem Land. Und was in ein paar Jahren ist, wenn die Kinder zu Jugendlichen werden, wird sich zeigen. Das Weltgeschehen scheint mir so ungewiss, es gibt so viele Möglichkeiten, wie die Geschichte weitergehen könnte. Nur eines scheint mir sicher: Es wird große Veränderungen geben. Die Zeichen dafür lassen sich nicht mehr ausblenden, wenn man auch nur halbwegs sehend durch die Welt fährt."

Zum ersten Mal erhasche ich einen etwas besseren Blick auf das Känguru-Kind und stelle fest, dass es mit seinen dunklen Augen, ebensolchen Haaransätzen und der milchkaffeebraunen Hautfarbe im Vergleich zu den anderen beiden Sprösslingen so gar nicht nach Baumi aussieht. Eher nach einem Palmi. Aber mir geht es gerade nicht so um die Familienverhältnisse. Mich interessiert, was Karla vorher gemacht hat. Bei manchen Leuten kann ich es mir zumindest ungefähr denken, doch bei ihr so gar nicht. „Ich hab' Medizin studiert. War eine richtig eifrige Studentin, das Ziel stets fest vor Augen. Anschließend war ich kurz davor, meine eigene Praxis aufzumachen. Doch je näher ich dem kam, umso mehr brachte mich das von meinem eigentlichen, ursprünglichen Ansinnen weg. Ja, ich hatte es tatsächlich fast schon vergessen. Schon als Kind wollte ich Menschen heilen. Da braute ich sogar schon Tees aus selbst gesammelten Kräutern und versuchte mich im Handauflegen. Doch irgendwann hab' ich das sein lassen, weil ich dafür ausgelacht wurde. Alles Hokus Pokus, ‚echte Medizin' gäbe es nur vom Onkel Doktor oder in der Pharmazie. Und dann habe ich mich tatsächlich diesem Weg zugewandt. Ich wurde ‚realistisch'. Was ich allerdings auf dem Weg durch die Universität und bei diversen Praktika in Krankenhäusern gesehen habe, war so gar nicht mit dem im Einklang, was mich im Herzen bewegte – ich wollte heilen! Es ging ständig um Symptome, um Diagnosen, um die richtigen Mittelchen von der richtigen Firma, um Abrechnungen und Wirtschaft. Der Mensch wurde Patient genannt, war aber eigentlich ein Kunde. Alles ging über den Verstand, die Ratio. Das Herz und die Intuition wurden bestenfalls belächelt, schlimmstenfalls geschmäht. Das war alles normal so. Schulmedizin als der Weisheit letzter Schluss. Krankenhäuser als Profitunternehmen, die, wie ja der Name schon sagt, Kranke brauchen, um wirtschaftlich erfolgreich zu sein.

Dann wurde ich selbst krank – Krebs – und ich bekam Angst. Nicht nur vor den Auswirkungen der Krankheit, sondern auch davor, mich diesem Medizinapparat hinzugeben. Ja, mir erschien es tatsächlich als ein Apparat, von ineinandergreifenden Zahnrädern, die alle irgendwie voneinander abhängig waren. Und ich sollte mich dem jetzt mit Leib und Leben ausliefern. Das konnte ich einfach nicht."

Sie lächelt, rupft ein Schafgarbenblatt ab und steckt es sich in den Mund. „Hexenmedizin. Volksmedizin. Für Abergläubische und Naive." Sie zwinkert mir zu. „Wer konnte mir jetzt denn helfen? Ich musste meinen Weg jenseits der gängigen Wege finden und stieß dabei auf einen Dschungel von Möglichkeiten. Wie auch Chemotherapie und Bestrahlung: Manchen hat es geholfen, andere starben trotzdem, mit schrecklichen Nebenwirkungen. So fand ich Berichte von Leuten, die sich mit alternativen Methoden geheilt haben. Bei dem einen hatte dies funktioniert, bei den anderen das. Es schien viele Wege nach Rom beziehungsweise zur eigenen Heilung zu geben. Ich las Bücher über die Traditionelle Chinesische Medizin, übertrug einiges davon auf die geografischen Breiten hierzulande mit ihren botanischen Möglichkeiten. Zudem stellte ich meine Lebensgewohnheiten ziemlich radikal um. Und ich brachte bewusst Licht in die dunklen Ecken meiner Seele, habe viel innere Arbeit geleistet. Ja, ich wurde sehr aktiv, nahm mein Herz und mein Schicksal in die eigenen Hände.

Ich schloss Türen, damit andere sich öffnen konnten. So auch die meiner Berufslaufbahn in der konventionellen Medizin. Ich fand mein ursprüngliches, kindliches Gespür, was heile macht, wieder und ich wurde gesund. Der Arzt, der mir die zunächst sehr niederschmetternde Diagnose gegeben hatte, sagte, das grenze ja an ein Wunder. Ich entgegnete ihm: ‚Wenn Sie die menschlichen Selbstheilungskräfte so einordnen wollen, dann mag das für Sie so sein. Für mich fühlt es sich einfach klar und schlüssig an.'“

Auch bei Karla hatte „das Leben“, jene Instanz, die scheinbar über gar unheimliche Kräfte verfügt, die Dinge und Wesen so verschränkt, dass sie auf einen ganz bestimmten, ja vielleicht sogar auf so etwas wie einen vorbestimmten Weg kommen, mit dem Zaunpfahl gewunken. Jedes Mal bekomme ich eine leichte Gänsehaut, wenn ich solche Geschichten höre. Und Mut – immer wieder aufs Neue.

Mir scheint, es gibt für jeden Menschen so etwas wie einen Königsweg, auf dem er sein wahres Potenzial entfalten kann. Findet man dort hin, durch das Gewirr all der vorgepflasterten Routen, hat man das Glück auf seiner Seite. Aus eigener Erfahrung möchte ich dabei noch anfügen, dass es eine stete Vertrauensprüfung ist und es eventuell auch die Zweifelstäler braucht, um den Glauben, den Gipfel zu erreichen, wahrhaft zu entwickeln.

Ich muss Karla noch die mir persönlich ungeliebte Frage stellen, aber die sich meist doch jeder fragt: „Und von was lebst du?“ Wieder lacht sie herzergreifend. „Vom Gleichen wie du und alle anderen: Erde, Wasser, Luft und Wärme.“ Ich schlage mit ihr ein. „Also Geld bekomme ich, indem ich meine Heilkünste anbiete. Und zwar immer so viel Geld, wie die Menschen mir zu geben bereit sind. Das heißt, vom Armen bekomme ich weniger als vom Reichen. Und von dem, dem ich wirklich helfen konnte, bekomme ich freilich auch mehr als von dem, den ich nicht recht weiterbringen konnte. Das finde ich den einzig gerechten Weg der Entlohnung. Wenn ich mein Auto in die Werkstatt bringe und der Mechaniker bastelt daran herum, aber dann fährt es noch immer nicht, wird der mir das ja auch nicht in Rechnung stellen. Ich bin fest davon überzeugt, dass wenn wir Mediziner leistungsgerecht bezahlen und wenn wir Gesundungshäuser bauen, anstelle von Krankenhäusern, wird die Gesellschaft auch gesünder werden. Vieles ist ja auch total gut, Diagnostik, Chirurgie, Medikamente. Meine Vision aber ist es, dass die Schulmedizin sich endlich mehr öffnet für die vielen anderen Heilungsmethoden, die es gibt, und von denen manche auf jahrtausendelangen Erfahrungen beruhen. Dass Krankenkassen den Menschen freistellen, welchen Weg der Behandlung sie für sich wählen und diesen finanziell unterstützen. Und dass den Menschen die Macht und die tatsächlich wunderbaren Möglichkeiten der Selbstheilungskräfte bewusst werden. Genau wie mit dem Schulsystem: Ich wünsche mir Toleranz und eine erweiterte Sicht auf die Welt, in Anbetracht all dessen, was wir schon wissen, aber auch im Gewahrsein, dass wir ganz vieles noch nicht wissen, bestenfalls erahnen. Dafür gehe ich, solange mir der Wind durch die Haare weht." Und das tut er. Eine heftige Böe rüttelt am Tarp und es fängt wieder stark an zu schütten. Überall tropft es von der Plane. Für mich ist es Zeit, weiterzuziehen. Ich will heim. Ob Karla das alles allein schafft oder inwiefern Baumi oder auch Palmi sie noch unterstützen, hinterfrage ich nicht weiter. Sie hat, wie all die anderen wundervollen Menschen, die ich getroffen habe, ihre Nische gefunden, die im Hier und Jetzt funktioniert. Und wie alles einmal wird, nun: Einerseits wissen wir das nicht und andererseits legen wir stets heute die Samen für morgen. Also scheint mir doch ein zufrieden gelebter Tag die bestmögliche Zukunftsinvestition zu sein.

Mio springt ins Auto, ich folge und rumpelnd und pumpelnd fährt Paule an. Mut. Es geht um Mut. Seinem eigenen Herzensweg zu vertrauen. Ich singe ein Lied, dass ich mal auf einem Rainbow Gathering tief in den österreichischen Bergen gelernt habe:

Auf dem Weg, den ich geh, scheint die Sonne, scheint der Mond.
Scheinen Liebe, Licht und Kraft, dieser Weg ist für mich gemacht.
Und ist das Ziel auch fern, es ist der Weg, der mich erhellt.
In meinem Herzen scheint ein Stern, der mich führt durch diese Welt.
Und was mir auch passiert, auf meiner Reise übers Meer,
immer habe ich Vertrauen, in den Weg, den ich geh.

DAS LEBEN LEBT

„Das Spiel des Lebens kann man nicht gewinnen. Man kann es nur spielen."

Ich fahre über die Brücke und sehe dort unten den Fluss. Dort habe ich gesessen. Jetzt rattere ich über das Fließband. Die Welt scheint mir zunehmend verrückter zu werden, ein großer Maskenball, wo viele nicht mehr wissen, wer sie sind. Andere erinnern sich bewusst daran, wer und auch für was sie sind, für was sie in diesem Leben stehen und gehen. Ich weiß es auch. Gerade jetzt, in diesem Moment. Vielleicht vergesse ich es zwischendurch mal wieder, aber jetzt fahre ich nach Hause, mit einem Koffer voller Geschichten, die alle Teil der einen großen Weltgeschichte sind, in der wir alle zusammen verwoben sind. Jeder schreibt sie mit, jeder spielt mit. Jeder ist einer ihrer Regisseure, ein Schöpfer seiner Realität. Und alle diese kleinen Welten ergeben in der Summe die eine Große, in der wir uns begegnen. Ja, es gibt einen Sinn in all dem Unsinn. Alles ist wichtig, alles hat Wirkung. Eine flammende Rede vor einem Haufen Menschen genauso wie ein stiller Haufen auf dem Kompostklo. Ein Kackstalagtyth ist auch ein Kunstwerk und es ist egal, ob ihn jemand sieht und für gut befindet oder nicht. Er wirkt, allein durch die Intension seines Verursachers. So wie jeder Gedanke. Jeder Traum schwingt in dem großen Tanz der Wellen und der Teilchen und wird zum Gedicht der Worte und der Taten. Samen fallen in Pflasterfugen und lassen Wildwuchs sprießen. Mancher vertrocknet, andere werden ausgemerzt. Doch solange Samen fallen, solange die Sonne scheint und es regnet, werden sie immer wieder aufkommen und dort wachsen, wo sie in Resonanz mit den Gegebenheiten treten. Darin liegt große Hoffnung für jedes Pflänzlein und somit für den ganzen Wald. Diese Erde ist im Herzen grün. Immer schon gewesen, jenseits von Politik und erdachter Moral. Ich glaube fest an ein höheres Ansinnen von Wirkmächten, die unser Bewusstsein durchdringen, dabei jedoch weit über dieses hinausreichen. Allen Menschen, die ihrer wahrhaftigen Herzensvision folgen, werden Zeichen und Fügungen zuteil, öffnen sich Türen, die zu Wundern führen und verbrennen sich Brücken wie von selbst hinter ihren Rücken. Was Vertrauenswürdigeres können wir denn finden, als den Kompass im eigenen Herzen, der uns durch dieses Dasein führt? Auch wenn er uns naturgemäß nicht verrät, was hinter der nächsten Biegung liegt, so gibt er uns doch Richtung, Halt und Gewissheit, dass wir auf der Spur sind. Auf der Spur des Lebens. Und wo die hinführt und wo und ob überhaupt sie jemals endet, das werden wir vielleicht einmal wissen, und vielleicht auch niemals. Ja, es stimmt: Der Weg ist das Ziel. Es gibt nichts zu verlieren als die Zeit, unseren Traum zu leben. Im besten Sinne für eine gute Welt.

EPILOG

JUTTI HAT REISEFIEBER

„DAS GEHEIMNIS
DES LEBENS IST,
'ZU STERBEN, BEVOR
DU STIRBST' – UND
HERAUSZUFINDEN,
DASS ES KEINEN
TOD GIBT."

ECKHART TOLLE

Es ist September, Herbsttagundnachtgleiche. Von nun an werden die Nächte länger als die Tage sein. Jutti hat mir heute eine Mail geschrieben:

Lieber Christian,

ich weiß nicht, ob ich die Veröffentlichung deines Buches noch erleben werde. Kannst du es dann an die Adresse meiner Mutter schicken?

Liebe Grüße!
Jutti

Das habe ich nicht recht verstanden. Wie meint sie das? Will sie länger verreisen? Ein seltsames Gefühl beschleicht mich.

Nachmittags muss ich für Nachschub an Maiswaffeln und Haselnussmus sorgen. Ich stehe vor dem dm-Markt, zwischen Deichmann, dem Fressnapf für Hunde und dem Fressnapf für Menschen namens Real. Also ganz real mitten im Wahnsinn der Normalität. Dort treffe ich eine Freundin, ebenfalls auf der Jagd nach Bioprodukten. Sie erzählt mir zwischen den parkenden Autos, dass Jutti im Sterbeprozess sei. Krebs, sehr weit fortgeschritten. Lange hatte Jutti den Knoten gespürt, dann wuchs er plötzlich rasant und die Ärzte sagten, sie könnten nichts mehr für sie tun.

Das trifft mich, macht mich traurig. Wie vergänglich, wie zerbrechlich diese Welt doch ist! Nicht als Ganzes, da ist sie sehr lange haltbar. Aber für uns Einzelne, für unsere vielen kleinen Welten, die da nebeneinander passieren. Jutti wirkte auf mich stets so unzerstörbar, so optimistisch in ihrem Wundermobil. Und jetzt? Jetzt ist sie es auch! Immer noch. Sie sagt ihren Freunden: „Ich hab Reisefieber. Ich ziehe weiter!" Das berührt mich ganz tief. Jutti hat ihren Weg gefunden, sich für ihn entschieden und ist ihm treu geblieben. Und wie gesagt, wer weiß schon, wo er endet? Das Leben besteht doch aus Übergängen. Die Geburt ist der erste, dann folgen viele weitere, wenn auch etwas kleinere im Leben. Schöne durchaus, aber wie es halt so ist: Wenn was Neues kommt, sagt auch meist was altes leise Adieu. Und beim Tod verabschiedet man sich bis auf Weiteres von allem hier und tritt wohl über dieselbe Schwelle aus, über die man einst eingetreten ist, in dieses manchmal so absolut erscheinende Zwischenspiel namens Leben. Die Seele schreitet voran, erinnert sich an den Heimweg.

Ich schreibe mit Jutti kurz hin und her und wir verabreden uns, dass ich sie in einer Woche noch einmal besuchen komme, im Weingut ihrer Eltern. Drei Tage vorher aber bekomme ich die Nachricht, dass sie gegangen ist. Ziemlich spontan, wie sie nun mal so war.

Sollte es im himmlischen Jenseits tatsächlich Engel geben, wird das wohl Juttis neuer Job sein, für den sie hier auf der Erde ein Praktikum als Frischwindbringerin gemacht hat.

SCHWANZWEDELND INS GRAS BEIßEN

Ich mag keine Beerdigungen. Aber wer mag die schon? Vielleicht komme ich deswegen zu spät von zu Hause los, hole mir trotzdem noch eine Käsebrezel beim Bäcker, mach mir noch einen Kaffee in der Kombüse und singe so ergriffen melancholische Lieder mit, dass ich zweimal die richtige Ausfahrt verpasse. Als ich dann endlich am Friedhof in Langenlonsheim, einem Weinbaudorf in Rheinhessen, ankomme, sehe ich schon von Weitem den nicht gerade sehr schwarzen Trauerhaufen andächtig beisammen stehen. So leise es geht (es geht einfach nicht leise) parke ich hinter der Friedhofsmauer, reiße ein Stück Efeu von ihr ab und verbinde es mit der weißen Feder, die ich für Jutti mitgebracht habe. „Du kommst noch zu deiner eigenen Beerdigung zu spät!“, hat mal ein Lehrer zu mir gesagt. Ja, das würd‘ ich gern ... Unauffällig mische ich mich unter die Leute. Schöne und verwegene Gesichter erkenne ich wieder. Jutti hatte viele Freunde. Ein paar davon stimmen mit der Gitarre ein sich mehrmals wiederholendes Lied an: *We are one with the infinite sun, forever and ever and ever. Tuate Leno Leno mahote, hayano, hayano, hayano. We are in tune with our sister the moon, forever and ever and ever.*

Verhalten brummeln ein paar Leute im Publikum mit. Auch ich kann nur flüstern. Sonne und Mond jedenfalls scheint es zu gefallen, denn sie sind beide gekommen. Die tagelange Wolkendecke ist aufgerissen und herz- und wangenwärmend scheint die Sonne herunter, während ihr fahl gegenüber die Mondsichel hängt. Dann wird Jutti an mir vorbei getragen. Also zumindest ein Behälter namens Urne, in dem sie angeblich drin sein soll. Dabei mischt sie sich doch quietschvergnügt unter die Gefolgschaft, um im nächsten Moment auf der Mondsichel zu sitzen oder als Wind schelmig im Lindenlaub zu rascheln. Im feierlichen Gänsemarsch geht die Prozession zum Grab. „Erde zu Erde, Asche zu Asche, Staub zu Staub“, sagt die Frau Pfarrer. „Geist zu Geist, Seele zu Seele, Liebe zu Liebe“, dichte ich schweigend hinzu.

Dann tritt Juttis Familie ans Grab und wirft Erde in das Loch. Nach und nach folgen die Freunde, dabei fliegt noch allerhand mehr als Erde der Urne hinterher. ‚Anhand der Grabbeigaben müssen wir davon ausgehen, dass es sich bei der Bestatteten um eine Art Heilige für die landläufige Bevölkerung gehandelt haben muss.‘ So würde die Stimme in Terra X im Jahre 3020 wohl sprechen.

Da taucht Jutti plötzlich wieder auf. Natürlich nicht wie ein Flaschengeist aus der Urne aus dem Loch (obwohl mir das auch ganz gut gefallen hätte). Nein, ganz klammheimlich, zwischen den Füßen der Lächelnden und der Weinenden. Sie ist in ihren Hund Lotte gefahren und tippelt fröhlich auf Hornveilchenhöhe übers Grab. Mit den Vorderbeinchen steht sie auf der Umrandung und inspiziert die Menschen, die ihre Mitbringsel in das Loch im Boden schmeißen. Dann wedelt sie lustig mit dem Schwanz und fängt an, Grashalme abzuknabbern. Ich muss über beide Ohren grinsen und obwohl eine Stimme in mir sagt: „Das gehört sich hier doch nicht", sagt eine andere, (und zwar jene, die oft mit Jutti zusammen gelacht hat): Ja, das ist genau ihr Humor und ihre Lebens- und Sterbens-Einstellung: Schwanzwedelnd ins Gras beißen. Das ist wohl eine der höchsten Künste, die ein Mensch im Leben erreichen kann.

Nachdem auch ich meine Feder mit Efeu ins Loch geworfen habe, fahren wir alle zusammen auf einen mit Weinreben bewachsenen Berg, von dem aus die Sicht bis zum Donnersberg reicht. Dort oben gibt es Suppe, Chai und weil Jutti aus einer fröhlichen Winzerfamilie stammt, auch Wein. Es wird gelacht und freudig an sie gedacht. Auch ihr zauberhafter Bus steht da. Leute gehen hinein und hinaus, wie in ein Museum. Als ich hineingehe, erwarten 90 % meines Wesens, dass Jutti auf ihrem Bett sitzt und versucht, mit Gedankenkräften ein Blatt Papier zu bewegen oder auf ihrem Laptop einen selbst gestrickten Kinderfilm zusammenfriemelt. Nur mein kleines bisschen Verstand sagt mir, dass da keine Jutti mehr sitzt. Dafür gibt es einige schöne Begegnungen mit anderen Menschen, die auf diesen paar Quadratmetern von Juttis Kunterbuntwelt an die Existenz von Paralleluniversen zu glauben begonnen haben. Ja, sie hat so einige Menschen zum Aufbruch bewegt. Als lebendes, frohes Beispiel der sehr gut erträglichen Leichtigkeit des Seins.

Wer möchte, darf sich ein Erinnerungsstück aus ihrem Bus mitnehmen, bevor er weiterfährt. Sie hat ihn einem jungen Mann vermacht, der sie schon als Kind oft dort besucht hat und der nun mit Anfang zwanzig selbst die Segel für einen Freiflug durchs Leben gesetzt hat.

Im Regal stehen ihre liebsten Bücher und ich muss sagen, dass ich mich richtig dolle freue, als ich sehe, dass mein „Holy Bearshit" auch dabei ist. In der Ecke sind neben drei Fotoalben auch ihre Jetztbücher. Dort hinein hat sie geschrieben, was sie bewegte, durchsetzt mit den Leitsinnigkeiten und Tiefgründigkeiten, die sie die Lebensweisheit gelehrt hat. Überall dazwischen gibt es bunte Bilder, die sie gezeichnet hat. „Nicht der Wille schafft die Wirklichkeit. Es ist die Vorstellungskraft. Es sind die Bilder, die wir in uns malen!", hat sie mir mal geschrieben.

Eine liebe Freundin von Jutti kommt herein und gibt mir in Juttis Namen die Bücher. „Die wollen eine Weile bei dir bleiben. Mach was Schönes draus!" Glücklich und geehrt steige ich mit zwei schönen Tassen, den im wahrsten Sinne des Wortes wundervollen *Jetztbüchern* und einem Glas Rotwein in meinen Traumtransporter. Was für ein schöner Auftrag!

Ich bin unendlich dankbar, all diesen wundervollen Menschen begegnet sein zu dürfen. Dem alten Häuptling Dieter, den der Spirit eines Ortes gerufen hat, um diesen aus seinem Dornröschenschlaf zu erwecken. Birgit, die Lebenskunst als kreativen Prozess ohne unbedingtes Ziel zelebriert. Klaus, der nackt über die Schwelle nach Sibirien getreten ist. Hausmeister Björn, der dort, wo er ist, mitten in der Stadt, die Wildbienen fliegen lässt. Hong, der Scheiße in Gold verwandelt, im besten Sinne für Gemeinsames. Nicola und der Rainbow Family, die lebensleichtsinnig Wunder kreieren. Erich Krüger, diesem alten Fährtenleger, der mit Seinesgleichen schon vor langer Zeit die Spur gelegt hat. Rouven, der Herzenspostbote mit leichtem Gepäck. Felix, für jede Menge „GutAlaune" und Selbsterfahrung im Jonglirium. Karla, die mit ihren Kids ein anderes Leben wagt und eine als unheilbar deklarierte Krankheit selbst heilen konnte. Und Jutti, die eine starke Botschaft hinterlassen hat, indem sie sich ihrem „Reisefieber" lächelnd hingegeben hat. Und natürlich auch Mio, der mir mit seinem puren Hundsein bei allen Träumen immer wieder die Erde unter meinen Füßen zeigt.

Ich rolle den Berg hinauf ins Abendlicht, keine Ahnung, was dahinter kommt. Mein Herz ist voll und weit. Ich weiß nicht, wie alles werden wird.

Auch in meinem Leben ordnet sich gerade vieles neu. Eine alte Haut liegt hinter mir auf der Straße, an die neue muss ich mich erst noch gewöhnen. Diese Reise in die Welten freier, schöner Menschen wie du und ich hat mich tief bewegt und inspiriert, noch ein bisschen mehr meinen Träumen zu folgen, noch mehr das Leben zu wagen und zu vertrauen, dass der Fluss unter allen Autobahnen hindurch doch noch immer seinen Weg ins Meer gefunden hat. Er nimmt jeden mit, der sich ihm anvertraut. Das ist sein Job. Und er weiß, wo es langgeht, auch wenn wir es oft nicht wissen.

Das Leben lebt! Und es ist immer Zeit, es zu wagen.
Denn es ist immer Hier und Jetzt!

Ahoi.

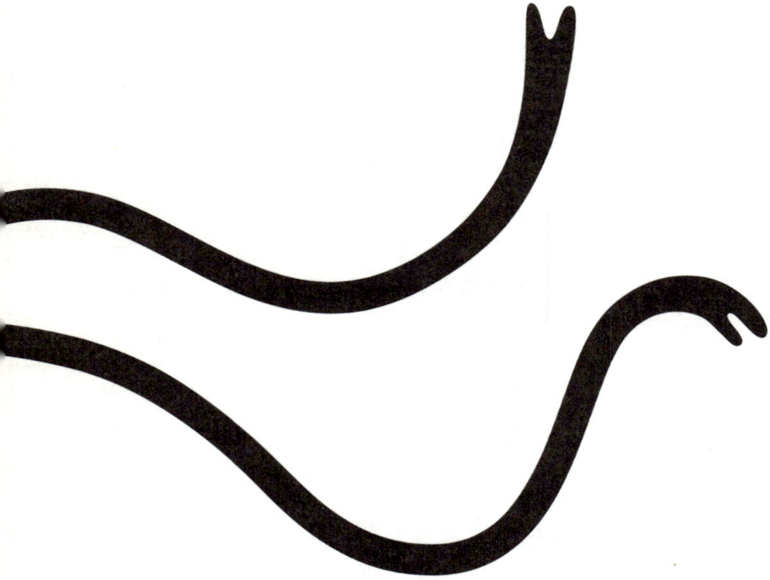

ÜBER DEN WENN NICHT JETZT-VERLAG

Wir hatten die verrückte Idee, alles abzubrechen und einfach loszufahren – der Freiheit und dem Abenteuer entgegen! 13 Monate lang sind wir mit dem Wohnmobil durch Europa gereist, und es hat sich als die beste Entscheidung unseres Lebens herausgestellt. Der Wenn Nicht Jetzt-Verlag wurde schließlich am Lagerfeuer, an einem Strand auf Sizilien gegründet. Wir saßen mit Freunden unter dem Sternenhimmel und philosophierten über die »wirklich wichtigen Dinge« im Leben; über Unabhängigkeit und Selbstbestimmtheit, über Mut, Veränderung und das Gute Leben. Und darum soll es auch in unseren Büchern gehen: Wir möchten von Menschen erzählen, die etwas gewagt haben, die aufgebrochen sind in ihr eigenes, persönliches Abenteuer und verwandelt zurückkamen.

Komm mit uns auf Reisen und lass dich anstacheln, selbst den Mut zu einer (kleinen) Auszeit oder gar einem Neustart zu finden. Schau doch mal auf unserer Seite wnj-verlag.de vorbei und steck dich durch spannende, lustige und berührende Geschichten mit dem Reisefieber und dem Drang nach Freiheit an.

Wir freuen uns auf dich!
Ramona & Uli

» HOLY BEARSHIT – EINE ABENTEUERREISE AUF DER SUCHE NACH DEN LETZTEN BÄREN EUROPAS«

VON CHRISTIAN SIRY

Der Lebenskünstler Sirius träumt davon, einmal einem Bären zu begegnen. Er macht sich zusammen mit seinem Kumpel Mo und einem alten Camper zu einem abenteuerlichen Roadtrip auf, um in Europas Wäldern nach Bären zu suchen. Der Zufall wird zum unfehlbaren Navigationssystem auf ihrer kuriosen Reise voller verrückter Situationen, skurriler Begegnungen und wilder Naturerfahrungen.

DAS ERSTE BUCH VON CHRISTIAN IM WNJ-VERLAG

»HAPPY ROAD – DEM WEG IST DAS ZIEL EGAL«

VON SARAH KRINGE

Wie ist es, wenn man mit dem neuen Partner, den man eigentlich kaum kennt, auf drei Quadratmetern zusammenlebt? Eine Pressereferentin aus Berlin und ein Skilehrer aus den österreichischen Bergen haben es ausprobiert und sind sieben Monate in einem umgebauten Transporter durch Europa gereist.

»THE VAN TASTE –
EIN KULINARISCHER ROADTRIP
MIT DEM CAMPER DURCH
EUROPA« (DT. + ENGL.)

VON VICTORIA LOMMATZSCH

Ein Kochbuch mit über 80 Rezepten, die speziell an die Camperküche angepasst wurden, spannender Reisegeschichten aus Europa, Inspirationen für die eigene Reise sowie Tipps und Tricks zum Thema Packliste, Nachhaltigkeit und vielem mehr. Ein Must-have für jeden Vanlifer!

»DER AUSBAU –
RATGEBER FÜR DIE VANKÜCHE –
LEITFADEN FÜR SELBSTAUSBAUER«

VON VICTORIA LOMMATZSCH

Absorberkühlschrank oder Kühlbox? Wie groß sollte mein Frischwassertank sein? – Gerade der Einbau der Küche in einen Van ist knifflig und bedarf zahlreicher Vorüberlegungen. Die Autorin gibt detaillierte Hilfestellungen, um Selbstausbauern diesen komplexen Teil so leicht, kostengünstig und individuell wie möglich zu machen.

»AUSZEIT STORYS –
11 INSPIRIERENDE GESCHICHTEN
ÜBER DEN AUFBRUCH ZU EINER
LÄNGEREN REISE«

VON RAMONA KRIEGER &
ULRICH PINGEL

Elf Langzeitreisende erzählen von ihren unterschiedlichen Reisen und wie sie es geschafft haben, sich für einen längeren Zeitraum aus dem Alltag auszuklinken. Die Autoren berichten, was sie angetrieben hat, sich eine Auszeit zu gönnen und wie sie den Aufbruch in ihr großes Abenteuer geplant, organisiert und finanziert haben. Nachmachen dringend empfohlen!

»ABENTEUER VANLIFE – 11 ROADTRIP-GESCHICHTEN ÜBER FERNWEH, FREIHEIT UND DAS LEBEN IM CAMPER«

VON CARLA VOLLERT

Vanlife – der Inbegriff von Freiheit, Unabhängigkeit und Selbstbestimmtheit. Einfach in den Bulli oder Camper steigen und los geht's! Elf Reisende erzählen in diesem Buch ihre ganz persönliche Vanlife-Geschichte. Ob als Paar durch Südamerika, als alleinerziehende Mutter mit Kind in Portugal oder allein durch die Minusgrade Norwegens. Die Menschen und ihre Erlebnisse könnten unterschiedlicher kaum sein, und doch eint sie alle dieselbe Sache: der unwiderstehliche Drang nach Freiheit.

»HERZ SCHLÄGT KOPF – WIE ICH MIT MEINER FAMILIE UM DIE WELT REISTE, UM DAS GLÜCK ZU FINDEN«

VON ROMY SCHNEIDER

Es muss sich dringend etwas ändern, beschließt Romy und kann ihren Mann und ihre kleine Tochter von einer Auszeit auf Weltreise überzeugen. Sie kündigt ihren Job und die kleine Familie reist vier Monate lang durch die Paradiese dieser Erde. Die Autorin erzählt nicht nur von den spannenden Abenteuern, die sie erleben, sondern auch davon, wie sie rausfand, was sie wirklich glücklich macht.

»AUSZEIT IN WANDERSTIEFELN – 650 KM VON DER HAUSTÜR BIS ZU DEN ALPEN«

VON MEIKE MOSHAMMER

Unerwartet verliert Meike ihren Job. Doch statt deshalb in ein Loch zu fallen, sieht sie es als Chance, sich einen lang gehegten Traum zu erfüllen: von ihrer Haustür bis zu den Alpen zu wandern. 650 km in 31 Tagen legt die Wanderführerin zurück – allein. Was sie auf ihrer Reise alles erlebt und wie sie mit dem Alleinsein umgeht, erzählt die Autorin auf unterhaltsame und witzige Weise.

» GO REMOTE! – AB JETZT ORTSUNABHÄNGIG ARBEITEN UND SELBSTBESTIMMT LEBEN«

VON BEA UHLENBERG & JAN C. OLLIG

Diese drei Bände zeigen dir, wie du deinen Traum von der beruflichen Ortsunabhängigkeit erfolgreich umsetzt. Lass dich von Menschen inspirieren, die bereits den Remote-Lifestyle leben und hole dir wertvolle Tipps und Insights aus erster Hand. Über 80 unterschiedliche Jobs werden ausführlich vorgestellt und du erhältst das nötige Rüstzeug, um sofort loszulegen.

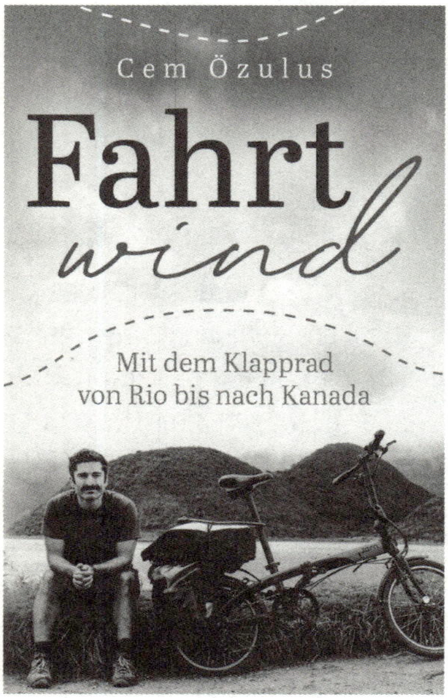

»FAHRTWIND –
MIT DEM KLAPPRAD VON
RIO BIS NACH KANADA«

VON CEM ÖZULUS

In einer Favela in Rio gerät Cem um ein Haar in eine Schießerei; im Dschungel des Amazonas zwingt ihn ein plötzliches Fieber in die Knie und er wird von einem Schamanen geheilt; er wird ausgeraubt, bedroht, beinahe überfahren und flickt unzählige Reifen. Doch erlebt er auch sagenhafte Natur, aufregende Städte und die Gast- und Hilfsbereitschaft zahlreicher Menschen. Nebenbei erfährt er auch noch die »Wahrheit« über Hitler.

AUSFÜHRLICHE INFOS ZU
UNSEREN BÜCHERN UND PRODUKTEN,
DEN AUTOR:INNEN, SPANNENDEN
ANDEREN STORYS UND WIE AUCH DU
AUTOR:IN BEI UNS WERDEN KANNST,

FINDEST DU UNTER WNJ-VERLAG.DE